Es stand in alten Zeiten

Kärnten – Land der Burgen und Schlösser

ES STAND IN ALTEN ZEITEN

Einleitung: ANTON KREUZER

Sagentexte: Dr. INGEBORG ZENGERER

Illustrationen: FRANZ PUCHER

Farbbilder: H. G. TRENKWALDER

Carinthia

Vorsatz: Burgruine Landskron um 1850. Nach einer Bleistiftzeichnung von Markus Pernhart
Nachsatz: Die Trixener Burgruinen um 1850. Nach einer Bleistiftzeichnung von Markus Pernhart
Seite II: Das Burgschloß Stein im oberen Drautal. Nach einer Bleistiftzeichnung von Markus Pernhart
Seite 1: Schloß Annabichl mit schmiedeeisernem Tor

ISBN 3-85378-193-4

©1982 Carinthia Verlag Klagenfurt
Alle Rechte vorbehalten
Einband von Dr. Ingeborg Zengerer unter Verwendung
einer Farbaufnahme von H. G. Trenkwalder
Freigabe der Luftaufnahmen vom BMfL mit Zl. 13.080/586 – 1. 6./77
Gesetzt aus Malibu 10 Punkt und 12 Punkt
Satz, Druck und Bindearbeit:
Graphischer Betrieb Carinthia, Klagenfurt

EIN GAR SCHÖN GEBÄU

Wer von den Burgen spricht, der verbindet damit vornehmlich den Gedanken an Ritterburgen auf steilen Felsen. Sie bilden allerdings nur einen kleinen Abschnitt der Burgengeschichte. Diese beginnt bereits mit den vorgeschichtlichen FLIEHBURGEN, denn das Wort BURG bedeutete einen Platz, der bei Gefahr Schutz zu bieten vermochte. Der Archäologe ist in Kärnten auf viele Wehranlagen aus grauer Vorzeit gestoßen; Fliehburgen gab es auf dem Maria Saaler Berg, am Kanzianiberg, oberhalb von Förk bei Nötsch und am Gauerstall, um nur ein paar zu nennen. Bedeutsam für diesen Landstrich waren in der Spätantike die römischen Befestigungsanlagen, wobei der Standort der KASTELLE so gewählt war, daß man mit dem Nachbarkastell durch Rauchsignale Verbindung aufnehmen konnte. Solche Wehrbauten bestanden beispielsweise in Mauthen, bei Feistritz an der Drau und in Flattach.

Unter den Karolingern kam es zum Bau von PFALZEN; das waren Gebäudegruppen, die sich durch Regelmäßigkeit und Weitläufigkeit auszeichneten. Die Pfalzen von Moosburg und Karnburg sind allgemein bekannt. Die Pfalzen waren die Vorstufe der eigentlichen Burgen, die ab dem 10. Jahrhundert überall in Kärnten errichtet wurden. Bedingt durch die Geländeverhältnisse, waren es meist HÖHENBURGEN und nur selten WASSERBURGEN. Bisweilen wurde der HÖHLENBURG der Vorzug gegeben (Reinegg, Rottenstein bei Mieger und Hollenburg). Zur Errichtung der ersten STEINBURGEN kam es im Trixental, in Friesach und in Kraig. Den Namen erhielten sie entweder nach dem Erbauer oder nach der Gegend. Die Endsilbe lautet -burg, -berg, -stein, -fels, -eck und im damals gemischtsprachigen Gebiet -grad. Wehrhafte Wohnplätze, die im Laufe der Zeit wieder verfielen, erhielten vielfach die Bezeichnung BURGSTALL. Als Baumaterial dienten Bruch- und Feldsteine, die mit Kalkmörtel verbunden wurden, lediglich für Baukanten, bei Türmen, Toren, Fenstern und Erkern wurde der Stein behauen. Gewölbe blieben dem Erdgeschoß vorbehalten, die Zwischendecken waren in der Regel aus Holz, das Dach wurde mit Steinplättchen oder Holzschindeln eingedeckt.

Das 12. Jahrhundert gehörte vor allem den FELSENBURGEN. Als Bauplatz wurden fast unzugängliche Felsen gewählt. Die Anlage beschränkte sich auf einen wehrhaften Wohnturm mit Kapelle und Ringmauerwerk. Ihm folgte der Wehrturm (BERGFRIED), der den Wohnbau (PALAS) zu sichern hatte. Das architektonische Bild der Landschaft prägten damals beispielsweise die Burgen Hochosterwitz, Finkenstein, Flaschberg und Greifenburg.

Als goldenes Zeitalter für diese Bauten erwies sich das 13. Jahrhundert mit den klassischen RITTERBURGEN. Das waren abermals weiterentwickelte Wehrbauten, für die man auf den Kreuzzügen Anregungen geholt hatte. Ritterburgen des Hochmittelalters gab es in Kärnten dutzendweise, besonders gehäuft schossen sie im Raum der herzoglichen Residenz St. Veit an der Glan aus dem Boden. Freiberg war die Hauptburg des Landesfürsten. Diese Ansammlung von Burgen war darauf zurückzuführen, daß jeder Grundherr seinen Besitz entsprechend zu schützen und die Verkehrswege zu kontrollieren suchte.

Im 14. Jahrhundert wandelten sich die Ritterburgen zu ZWINGERBURGEN. Die adeligen

Ansitze wurden zu Herrschaftsmittelpunkten und besaßen mehrere Burghöfe (ZWINGER), erweiterte Vorburgen und verstärkte Talsicherungen.

Im 15. und teilweise noch im 16. Jahrhundert kann man von typischen HERRSCHAFTSBURGEN sprechen, denn sie sind nicht mehr Schutzbauten schlechthin, konnten es auch nicht mehr sein, da die aufkommenden Feuerwaffen die bisher übliche Verteidigung in Frage stellten. Die zweite Hälfte des 16. Jahrhunderts gehörte schließlich den BURGSCHLÖSSERN (Landskron, Frauenstein, umgebaute Hollenburg).

Die Burgschlösser leiteten über zu den SCHLÖSSERN, die bis zu einem gewissen Grad weiterhin wehrhafte Wohn- und Verwaltungssitze sowie Repräsentationsbauten des Adels bildeten. Obwohl in Kärnten der Baueifer nicht mehr mittelalterliche Ausmaße erreichte, entstanden doch bemerkenswerte Anlagen (Schloß Porcia, Schloß Tanzenberg, Schloß Hallegg). Die BAROCK- und PRUNKSCHLÖSSER des 17. und des 18. Jahrhunderts blieben im kleinen Alpenland spärliche Glanzlichter (Schloß Ebenthal, das Schloß Pöckstein der Gurker Bischöfe in Zwischenwässern). Desgleichen erlebte der Schlösserbau im 19. Jahrhundert keine neue Blüte, lediglich etliche historische Ansitze wurden – meist im Tudorstil – zu ROMANTISCHEN SCHLÖSSERN umgestaltet (Schloß Wolfsberg, Schloß Freyenthurn, Schloß Eberstein).

Kärnten darf auf seinen Besitz an Burgen und Schlössern stolz sein. Zahlreiche Baudenkmäler dieser Art haben die Jahrhunderte überdauert und bereichern noch heute die architektonische Landschaft. Es darf aber auch stolz auf jene Männer sein, die uns Bilddokumente dieser Burgen und Schlösser hinterlassen haben. Die erste Sammlung legte Freiherr von Valvasor vor, der 1688 einen Band mit mehr als 200 Kupferstichen herausbrachte. Das Werk überliefert manch „gar schön Gebäu", das unterdessen dem Zahn der Zeit zum Opfer fiel. Um die Mitte des vorigen Jahrhunderts war es der Maler Markus Pernhart, der mit fast 200 Bleistiftzeichnungen von Kärntens Burgen und Schlössern eine zweite wertvolle Bilddokumentation schuf. An dieser Stelle sind auch Franz Xaver Kohla und Hermann Wiessner zu erwähnen, die sich um die Kärntner Burgenkunde Verdienste erwarben. Sie haben sich der Erforschung dieser Marksteine der Kultur- und Landesgeschichte in besonderer Weise angenommen.

Das vorliegende Kärntner Burgenbuch kann zwar keine Bestandsaufnahme des letzten Viertels des 20. Jahrhunderts sein, aber es möchte die großen Leistungen der Vorfahren ein wenig ins Blickfeld rücken. Das nachfolgende Verzeichnis erhebt gleichfalls keinen Anspruch auf Vollständigkeit und möchte lediglich über Standort, Zustand und Geschichte der wichtigsten historischen Ansitze des Adels ganz kurz unterrichten. Infolge der dennoch umfangreichen Aufzählung konnten vorgeschichtliche Wallanlagen und Fliehburgen, spätantike Kastelle, Wohntürme, befestigte Siedlungen, Palais, verschiedene Herren- und Edelmannsitze, sogenannte Burgen („Burg" in der Burggasse in Klagenfurt), als Schlösser bezeichnete ehemalige Stifte (Viktring, St. Georgen am Längsee), Wehrstifte und Wehrkirchen keine Berücksichtigung finden.

AICHELBERG (EICHELBERG) Burgruine, in der Nähe Wernbergs (im Wald nördlich von Umberg). 1431 wurde Hans Khevenhüller mit der Burg belehnt. 1629 kaufte die im 15. Jahrhundert neu errichtete Anlage Hans Siegmund Graf von Wagensberg.

AICHELBURG Burgruine, in St. Stefan an der Gail (auf einem Hügel südlich des Ortes). 1307 hatten hier die Grafen von Görz einen Turm. Der feste Platz wurde 1432 als Aichelburg bezeichnet. Nach dem Verfall wurde der Ansitz 1691 aufgegeben. Es haben sich die Ringmauer und Reste der Türme erhalten.

ALBECK (ALT-ALBECK) Burgruine, südlich von Sirnitz (auf bewaldetem Felskegel). Nach 1264 hatten die Burg verschiedene Ministerialengeschlechter inne. Ab etwa 1800 war die einst stattliche Burg nicht mehr bewohnt.

ALT-DORNHOF Burgruine, am Südhang des Lorenziberges

ALTE MOOSBURG (HETZELBURG) Burgruinen, auf mehreren Hügeln (über einem Moorboden nordwestlich der Ortschaft). War vom 12. bis zum 15. Jahrhundert im Besitz der Görzer Grafen.

ALTENHAUS Burg, gänzlich verfallen, bei Kamering (im Wald). Wird 1239 als castrum bezeichnet; 1518 im Besitz des Geschlechtes Dietrichstein.

ALT-FINKENSTEIN Burgruine, südlich des Faaker Sees (auf steilem Felsen unter dem Mallestiger Mittagskogel). Wird urkundlich erstmals 1142 erwähnt. Zunächst bambergischer, dann landesfürstlicher Besitz. Kaiser Maximilian übergab Alt-Finkenstein 1508 einem Dietrichsteiner. 1768 fanden in der Burgkapelle noch Gottesdienste statt.

ALT-GRAFENSTEIN (LERCHENAU, ALTES SCHLOSS) Burg, gänzlich verfallen, südlich von Grafenstein. 1158 als castrum gravenstaine genannt.

ALTHAUS (ALTENHAUS) Burgruine, im obersten Görtschitztal, nahe der steirischen Grenze (auf steilem Felskegel). Scheint in Urkunden ab 1247 auf. Im 17. Jahrhundert Verfall.

ALT-HUNGERSBACH Burg, gänzlich verfallen, östlich von Feldkirchen

ALT-KELLERBERG Burg, gänzlich verfallen, in Kellerberg (am nordwestlichen Ortsrand). Die 1263 urkundlich genannte Anlage wurde 1348 zerstört.

ALT-KEUTSCHACH Burg, gänzlich verfallen, vermutlich unweit des Galgenkogels

ALT-RECHBERG Burg, gänzlich verfallen, hinter dem Schloß (auf bewaldetem Kogel). Erscheint in den Urkunden ab 1236.

ALT-TREFFEN Burgruine, auf bewaldeter Anhöhe nächst Treffen bei Villach. Die Burg bestand seit dem Ende des 11. Jahrhunderts; der feste Platz wurde 1490 zerstört und ist seither Ruine.

ANNABICHL Schloß, in Klagenfurt-Annabichl (auf einem kleinen Hügel). Wurde von Georg Khevenhüller 1580 für seine Frau Anna erbaut. Den straßenseitigen Blickfang der dreigeschossigen Anlage bildet die Arkadengalerie im Erdgeschoß. Das geschmiedete Gartentor an der Straße gehört der ersten Hälfte des 18. Jahrhunderts an.

BACH Schloß, nächst St. Urban bei Feldkirchen (am Ufer des Sees). Der mächtige spätgotische Bau gehörte 1433 der Familie Mordax. Der Baukörper wurde in den vergangenen Jahrhunderten kaum umgestaltet. Die vorspringenden Türme reichen nur bis zum Dach. Hübsch die Erker über Kragsteinen im obersten Geschoß an zwei Gebäudekanten.

BAYERHOFEN Schloß, in Wolfsberg (im südlichen Teil der Stadt, am rechten Ufer der Lavant). Besteht seit 1239 und erhielt im 16. Jahrhundert sein heutiges Aussehen. Ab 1807 im Besitz der Familie Schnerich.

BIBERSTEIN (PIBERSTEIN) Schloß, in Himmelberg (an der südlichen Ortseinfahrt). Seit 1396 nachweisbar, seit 1662 im Besitz der Familie Lodron. Vor der Verlegung der Durchzugsstraße führte diese unter dem Gang hindurch, welcher das Schloß mit der Kapelle verbindet.

BICHELHOF (BICHLHOF, AICHBICHL) Schloß, bei St. Stefan im Gailtal (südöstlich auf einem Plateau). Der Baukörper wurde durch Umbauten weitgehend verändert.

BLEIBURG Schloß, in Bleiburg (auf dem Schloßberg). Die einstige Burg wurde nach 1600 im Stil der Renaissance umgebaut. An das Mittelalter erinnern vornehmlich der unregelmäßig angelegte Hof, zwei Türme und der im westlichen Trakt befindliche Palas. Die im Osten vorspringende Kapelle stammt aus gotischer Zeit.

BRAUNSBERG Burg, gänzlich verfallen, wo der Fluß die Enge Gurk verläßt

BULDORF Burg, gänzlich verfallen, vermutlich bei Zwischenwässern

DAMTSCHACH Edelmannsitz, am Westrand des Ortes. Wurde 1511 erbaut und später mehrmals verändert.

DIETRICHSTEIN Burg, gänzlich verfallen, östlich von Feldkirchen im Glantal (auf bewaldetem Hügel). Früheste Erwähnung 1103; wurde 1483 zerstört.

DIETRICHSTEIN Schloß, nördlich der einstigen gleichnamigen Burg. Ein im 16. Jahrhundert zum Schloß ausgebautes Wirtschaftsgebäude.

DORNBACH Wasserschloß, im Maltatal. Befand sich 1452 im Besitz des Andreas von Weißbriach. Gelangte später an die Familie Lodron.

DORNHOF Edelmannsitz, bei Obermühlbach. Erbaut im späten 15. Jahrhundert und im 16. Jahrhundert erneuert.

DRASENDORF (WUCHERERSCHLÖSSL) Schloß, bei St. Georgen am Längsee. Der dreigeschossige Wohnturm stammt aus dem 15. Jahrhundert. Vom 15. bis zum 17. Jahrhundert Besitz der Familie Wucherer.

DRASING Schloß, bei Krumpendorf (auf bewaldeter Anhöhe). Hier gab es vermutlich schon in karolingischer Zeit eine Vorburg zum festen Platz Moosburg. Der heutige Bau wurde im 16. Jahrhundert errichtet.

DRAUHOFEN Edelmannsitz, im Lurnfeld. Bau aus dem 16. Jahrhundert, der in der Folge durch den Gewerken Schüttbacher und andere Besitzer aus- und umgebaut wurde. Der Anbau der neuen Nebentrakte erfolgte 1965/66. Im Schloß ist eine landwirtschaftliche Schule untergebracht.

EBENAU Schloß, in Weizelsdorf (am südlichen Ortsrand). Das Gebäude wechselte im 17. Jahrhundert mehrmals den Besitzer und wurde später baulich mehrfach umgestaltet.

EBENTHAL Schloß, in Ebenthal. Hier bilden Bauwerk und Parkanlage eine Einheit. Das dreigeschossige Schloß wurde 1566 errichtet und ist seit 1704 Besitz der Familie Goess. Diese ließ es barock umgestalten, u. a. erhielten die Fassaden Pilastergliederung. Die Ostfront beherrscht ein klassizistischer Portikus mit Balustrade.

EBERSTEIN (OBERES SCHLOSS, ALTES SCHLOSS) Burgruine, in Eberstein. Der Bau hatte seinen Namen vom Wildschweinereichtum des Saualpe-Gebietes. Zwischen 1220 und 1230 wollte der Salzburger Erzbischof die Burg kaufen, sie blieb dann aber bis 1460 im Besitz der Görzer Grafen.

EBERSTEIN (NEUES SCHLOSS, KIRCHHOF, NIEDERES HAUS) Schloß, in Eberstein. Befand sich von 1630 bis 1935 im Besitz der Grafen Christalnigg, die ihm anläßlich des Umbaues von 1851 historisierende neugotische Formen gaben. Zum Schloß Eberstein gehörte auch der Kohlturm.

EBERWEIN (LEIFLING) Schloß, bei Lavamünd (am rechten Drauufer). Der Bau wurde wahrscheinlich im 15. Jahrhundert errichtet und später barock erweitert.

EHRENBICHL Schloß, nördlich von Klagenfurt (auf einer Terrasse). Wann der erste Bau errichtet wurde, ist nicht bekannt. Gegen Ende des 17. Jahrhunderts besaß Ehrenbichl die Witwe Benigna Rosina Khevenhüller.

EHRENEGG (EHRNEGG) Schloß, südöstlich von Griffen (beim Dorf St. Kollmann). Renaissancebau aus dem Jahr 1586.

EHRENFELS Schloß, in Bad St. Leonhard im Lavanttal (an der nördlichen Ecke der Stadt). Besteht seit dem 14. Jahrhundert; erhielt im 16. Jahrhundert Zubauten, u. a. den Arkadenhof.

EHRENHAUSEN Schloß, nördlich von Klagenfurt (in Feschnig, am Fuß des Spitalsberges). Die älteste urkundliche Erwähnung des Schlosses stammt aus dem Jahr 1588.

EHRENTAL Schloß, nördlich von Klagenfurt (auf einer Terrasse). Wurde im 17. Jahrhundert errichtet; beherbergt eine landwirtschaftliche Schule.

EMMERSDORF Schloß, nordwestlich von Klagenfurt (am Fuß des Ehrenbichler Berges). Die erste archivalische Nachricht vom Schloß findet sich aus dem Jahr 1569, damals war es im Besitz der Kulmer von Rosenbichl.

EPPERSDORF Schloß, südlich von Brückl. Der schlichte Bau stammt aus dem Ende des 17. Jahrhunderts.

FALKENBERG Schlößchen, am Falkenberg bei Klagenfurt. Einst ein bäuerliches Lehen. Das einfache Haus wurde zum Schlößchen mit Ecktürmen umgestaltet.

FARBENSTEIN Burg, gänzlich verfallen, vermutlich oberhalb Heiligenbluts

FARRACH (TRARICHHOF, SEREINIGHOF, SCHÜTZENHOF) Edelmannsitz, bei Maria Rojach im Lavanttal. Der alte Trarichhof liegt gegenüber dem neuen Schloß und verrät durch seine dicken Mauern und wuchtigen Gewölbe sein hohes Alter.

FEDERAUN Burgruine, auf der Graschlitzen. Beherrschte die Gegend ab der Mitte des 12. Jahrhunderts und war bambergischer Besitz.

FEDERAUN (THURNEGG) Turmruine, an der Gailbrücke. Es handelte sich um ein Vorwerk der Burg auf dem Hügel.

FEISTRITZ (GÖSSNITZERHOF) Schloß, in Feistritz im Rosental. Das Gebäude wurde 1813 bei den Kämpfen zwischen den Franzosen und Österreichern schwer beschädigt, aber wieder instandgesetzt.

FELDKIRCHEN (STADTBURG, AMTHOF) Schloß, am südlichen Stadtrand. Die einst bambergische Stadtburg ist heute Altersheim. Die Anlage prägen Rundtürme an drei Ecken.

FELDSBERG Burgruine, westlich von Pusarnitz (auf einer Felskuppe). Wurde um die Mitte des 12. Jahrhunderts vom Salzburger Erzbischof erbaut. Die Burg war ab dem Ende des 16. Jahrhunderts dem Verfall preisgegeben.

FEUERSBERG Burg, gänzlich verfallen, südwestlich von Globasnitz

FEUERSBERG Schloß, am Fuße des Hemmaberges. Ein zweigeschossiger Bau der Familie Rosenberg aus dem 17. Jahrhundert.

FLASCHBERG Burgruine, am rechten Drauufer bei Oberdrauburg (auf einer vorspringenden Felsnase). Die Existenz der Burg ist ab 1157 belegt; seit dem 17. Jahrhundert Ruine.

FRANKENSTEIN Schloß, bei St. Georgen am Weinberg (am Nordhang des Frankenberges). Hier gab es schon 1195 nachweislich eine Burg; das Schloß wurde im 17. Jahrhundert von den Freiherren von Ramschüßel errichtet. Fiel in den Franzosenkriegen einem Brand zum Opfer, wurde jedoch 1797 wieder aufgebaut.

FRAUENSTEIN ehemaliges Wasserschloß, bei Obermühlbach. Der repräsentative Bau zählt zu den schönsten spätgotischen Adelssitzen in Österreich und war ursprünglich eine Burg, die durch einen Wassergraben geschützt war. Die Umgestaltung der Anlage fiel in die erste Hälfte des 16. Jahrhunderts. Seit 1909 Besitz der Familie Wirth.

FREIBERG Burgruine, bei St. Veit an der Glan, in der Einschicht von Grassen (auf einem Felsen). Scheint urkundlich erstmals 1181 als castrum auf und bildete die Hauptburg der Kärntner Landesfürsten. Im 15. Jahrhundert wahrscheinlich schon Ruine.

FREUDENBERG Schloß, bei Pischeldorf. Der eine Teil des Gebäudes stammt aus dem 16., der andere aus dem 18. Jahrhundert. Die Verbindungstrakte wurden im 19. Jahrhundert errichtet.

FREUDENSTEIN Burg, gänzlich verfallen, vermutlich bei Hermagor

FREUNDSHEIM Schloß, besteht nicht mehr, möglicherweise bei Sörg

FREYENTHURN Schloß, in Klagenfurt (über dem Ostufer des Wörther Sees). Die einst burgartige Anlage aus der Renaissance erfuhr 1884 durch Freiherrn von Westerholt eine weitgehende und nicht sehr glückliche Umgestaltung.

FRIESACH Burgruine, auf dem Petersberg. Die Burg bestand schon im 11. Jahrhundert; den noch bestehenden Bergfried ließ der Salzburger Erzbischof Konrad um 1125 errichten. Die Burg war ab dem 18. Jahrhundert dem Verfall preisgegeben.

FRISCHENSTEIN Burg, gänzlich verfallen, Standort war vermutlich die Gegend von Hermagor

FROJACH Burg, gänzlich verfallen, bei St. Martin, westlich von Rosegg

FUGGERAU Schloß, gänzlich verfallen, bei Arnoldstein

GEIERSBERG Burg, in Friesach (im Norden der Stadt auf steilem Hügel). Die Burg beherrschte das architektonische Bild seit der ersten Hälfte des 12. Jahrhunderts. Ab 1750 war das Gebäude wegen seines desolaten Bauzustandes unbewohnbar. Erst 1912 wurde die Ruine wieder aufgebaut. Befand sich im Besitz Salzburgs; im 19. Jahrhundert hatte den Platz die Familie Findenigg in Besitz.

GEORGIBERG Burg, gänzlich verfallen, am oberen Westhang des Georgiberges am Klopeiner See

GERLAMOOS Burg, gänzlich verfallen, Kirchhügel

GILLITZSTEIN Burgruine, in St. Oswald bei Eberstein (auf einem Hangplateau)

GLABEGG Burg, gänzlich verfallen, am Nordhang der Kirchenhöhe Kitzel bei Feldkirchen

GLANEGG Burgruine, auf beherrschender Höhe im oberen Glantal. 1121 im Besitz des Kärntner Herzogs; wurde in der ersten Hälfte des 16. Jahrhunderts umgebaut, 1573 dennoch baufällig. Dann wieder instandgesetzt und nach 1860 ihrem Schicksal überlassen.

GMÜND (ALTES SCHLOSS) Burgruine, über dem Tauernstädtchen. Die romanisch-gotische Anlage wurde 1487 zerstört; 1502 ließ der Salzburger Erzbischof Leonhard von Keutschach das Gebäude als Privatbesitz wieder errichten. 1886 fiel das Bauwerk einem Brand zum Opfer; seither Ruine.

GMÜND (NEUES SCHLOSS) Schloß, am Hauptplatz. Die Errichtung fällt in die Jahre 1651 bis 1654. Bauherr war die Familie Lodron.

GOLDBURG (GOLDBERG) Burg, gänzlich verfallen, östlich von Kötschach

GOLDENSTEIN Burg, gänzlich verfallen, auf Felsstock östlich von Kötschach

GOMARN (GAMARE, GAMANARE, GOMARON) Burgruine, Bad St. Leonhard im Lavanttal (auf einem zur Lavant abfallenden Hügel). Die mittelalterliche Stadtburg ist seit 1762 Ruine. Die Kirche zur heiligen Kunigunde ging aus der ehemaligen Burgkapelle hervor.

GRADENEGG Burgruine, bei Feistritz-Pulst (500 m über dem Glantal auf beherrschender Höhe). Erscheint in den Urkunden ab 1192 als Besitz der Herren von Gradenegg; wurde in gotischer Zeit mit einer Ringmauer versehen.

GRADES Schloß, außerhalb des Ortes (auf einem Hügel an der Metnitz). Wurde wahrscheinlich vom Gurker Bischof um 1173 erbaut. In den Sälen des Hauptgeschosses haben sich bemerkenswerte Stuckarbeiten und ein Deckengemälde erhalten.

GRADISCH Schloß, am Gallin bei Feldkirchen. Ein Renaissancebau des 16. Jahrhunderts; seit 1729 im Besitz der Familie Goess.

GRADISCH OB ALTENDORF Burg, gänzlich verfallen, vermutlich bei Sonnegg

GRAFENSTEIN Schloß, in Grafenstein. Der dreigeschossige Bau ist seit 1629 im Besitz der Familie Rosenberg.

GREIFENBURG Schloß, über dem Markt (auf einem Hügel). 1166 gehörte der feste Platz dem Kärntner Herzog. Von 1393 bis 1537 war die Anlage habsburgisch, von 1626 bis 1943 Eigentum der Familie Rosenberg. Diente ab dem 19. Jahrhundert als Gerichtsgebäude.

GREIFENFELS Burg, gänzlich verfallen, bei Ebenthal

GREIFENSTEIN Schloß, in St. Stefan im Gailtal. Bau aus dem Jahr 1556; 1919 und 1965 von Brandunglücken heimgesucht.

GREIFENTHURN Schloß, an der Tiebel, nördlich von Feldkirchen. Das Gebäude wurde in der ersten Hälfte des 17. Jahrhunderts von der Familie Foregger erworben.

GRIFFEN Burgruine, auf dem Schloßberg (weithin sichtbarer Kalkfelsen). Die im 12. Jahrhundert erbaute Burg war bis 1759 bambergisch und wurde dann sich selbst überlassen.

GROPPENSTEIN Burg, in Raufen bei Obervellach (auf einem Felsen). Der Platz hatte spätestens seit 1254 einen wehrhaften Turm. Die prächtige mittelalterliche Burg wurde nach 1873 stilgerecht renoviert und befindet sich in einem guten Erhaltungszustand.

GROSSKIRCHHEIM Schloß, in Döllach im Mölltal. Seine jetzige Gestalt hat der Bau seit 1561; wurde in diesem Jahrhundert als Brauhaus verwendet; beherbergt seit 1956 ein Goldbergbau-Museum.

GRÜNBURG Burgruine, nordwestlich von Hermagor. Urkundlich seit 1368 nachweisbar. War 1688 schon Ruine.

GRÜNBURG Burgruine, oberhalb von Klein St. Paul im Görtschitztal. Die Geschichte der stattlichen Zwillingsburg reicht zurück ins frühe 13. Jahrhundert.

GSCHIESS (ROSENHEIM) Schloßruine, westlich von Spittal an der Drau, am Flußufer

GURNITZ Burgruine, östlich von Ebenthal (auf einer Felsnase). Von der Burg ist schon in Urkunden des 9. Jahrhunderts die Rede; war ein Lehen des Landesfürsten. Im 17. Jahrhundert bereits verfallen.

HAFNERBURG Drillingsburgruine, bei St. Urban bei Feldkirchen. Der feste Platz trat im 10. Jahrhundert ins Licht der Geschichte. Es könnte sein, daß die Anlage bereits 1292 zerstört und nie wieder aufgebaut wurde.

HAGENEGG Schloß, am Ortsrand von Eisenkappel. Die ältesten Bauteile reichen zurück ins 15. Jahrhundert. Seit 1887 wird das Gebäude von der Familie Thurn-Valsassina bewohnt.

HAIMBURG (HEUNBURG) Burgruine, auf einem Hügel. Den festen Platz hatte das bedeutendste Kärntner Geschlecht des 12. und des 13. Jahrhunderts, das der Grafen von Heunburg, inne; 1362 nahmen die Görzer Grafen die Burg in Besitz, ab 1460 war sie habsburgisch.

HALLEGG Burgschloß, nordwestlich von Klagenfurt. 1213 hatten es die Hallegger inne; 1540 erfolgte der Umbau zum Schloß durch die Familie Welzer.

HAMMERBERG Burg, gänzlich verfallen, auf einem Ausläufer des Magdalensberges bei Lavamünd

HARBACH Schloß, jetzt Kloster, in Klagenfurt-Harbach. Vom historischen Bau ist fast nichts erhalten.

HARDEGG Zwillingsburgruine, oberhalb Zweikirchen. Ab 1134 urkundlich nachweisbar; war eine der Hauptburgen rund um die Herzogstadt St. Veit an der Glan; verfiel seit dem 17. Jahrhundert.

HARTNEIDSTEIN Burgruine, südöstlich von Wolfsberg, am Hang der Koralpe. Wurde um das Jahr 1300 errichtet und verfiel im 18. Jahrhundert.

HEMMABURG Burgruine, bei Zeltschach

HEROLDECK schloßähnliches Gebäude, bei Millstatt. Der romantische Sommersitz beherbergt seit 1950 ein Jugenderholungsheim.

HIMMELAU Schloß, jetzt Kloster, in St. Michael bei Wolfsberg (westlich der Ortschaft). Hier stand schon 1289 ein fester Turm, im späten Mittelalter erfolgte der Ausbau zu einem Wasserschloß. Seit 1902 im Besitz der Karmeliterinnen.

HIMMELBERG Zwillingsburg, gänzlich verfallen, nördlich von Himmelberg (bei Klatzenberg). Der Wohnplatz wird urkundlich schon 1196 erwähnt. Sprengung der letzten Ruinen 1963.

HOCHOSTERWITZ Burg, bei St. Veit an der Glan (auf einem Felskegel). Eine der imposantesten Burgen Österreichs. Der Weg führt in einer großen Windung auf die Kuppe, dabei sind 14 Torbauten zu passieren, ehe man den Hof der Hochburg betritt. Sie ist den Sommer über bewirtschaftet.
Das Burgmuseum besitzt interessante historische Exponate. Der Name Hochosterwitz bürgerte sich erst im 17. Jahrhundert nach dem Bau von Niederosterwitz ein. Die Anlage ist seit 1541 Besitz des Geschlechtes Khevenhüller.
Die aus der Ebene aufragende Triasklippe diente sicher schon in grauer Vorzeit bei Gefahr als Zufluchtsort. Urkundlich erscheint die Gegend schon 860, damals mag am Fuße des Burgfelsens ein Gutshof bestanden haben. Er war ab dieser Zeit Eigentum des Salzburger Erzbischofs, der dann die Bergkuppe in einen festen Platz verwandelte. Ab dem 13. Jahrhundert war er als landesfürstliches Lehen bis 1478 in Händen der Herren von Osterwitz. Nach deren Verzicht auf die Burg wurde sie umgebaut. Ihre jetzige architektonische Gestalt erhielt die Feste gegen Ende des 16. Jahrhunderts, als die Ritterzeit längst vorüber war.

HÖHENBERGEN Schloßtorso, bei Tainach (auf einem Felsplateau). Der barocke Bau wurde nie fertiggestellt; gehört der Familie Rosenberg.

HÖRBACH Schloß, unterhalb der Burgruine Silberberg, bei St. Martin am Silberberg. Sein jetziges Aussehen geht auf einen Neubau des 17. Jahrhunderts zurück.

HOHENBURG Burgruine, am Hühnersberg bei Pusarnitz. War ab 1142 in Salzburger Hand. Verfiel wahrscheinlich noch im Mittelalter. Die ehemalige Burgkapelle wurde zum Kirchlein „Maria in Hohenburg" ausgebaut.

HOHENBURG (ROSENBURG) Burgruine, bei Oberdrauburg (auf einer Terrasse über der Talsohle). Im 13. Jahrhundert ein Signalposten für die Burgen Stein und Flaschberg. Das Mauerwerk der Burg, das aus dem 15. Jahrhundert stammen mag, verfällt spätestens seit dem 19. Jahrhundert.

HOHENSTEIN Schloß, bei Liebenfels im Glantal (auf einer Bergkuppe). Wurde 1537 errichtet; hat einen kreuzförmigen Grundriß.

HOHENWART (HOCHWART, SCHWARZES SCHLOSS) Burgruine, östlich von Sternberg (auf einer bewaldeten Felskuppe). Die Burg hat schon 1150 bestanden und wurde spätestens im 16. Jahrhundert zerstört.

HOLLENBURG Burg, oberhalb der Hollenburger Draubrücke (gegen den Steilabfall gerückt). Die mächtige Anlage reicht mit ihren ältesten Bauteilen zurück ins 14. Jahrhundert. War von 1541 bis 1861 im Besitz der Familie Dietrichstein. Sie gab der Anlage auch ihre heutige Gestalt.

HORNBURG Zwillingsburgruine, bei Klein St. Paul, am Hang der Saualpe (auf dem Gipfel des Hornberges). Bestand schon 1140; ein Ausbau erfolgte 1414. Verfiel seit dem 17. Jahrhundert.

HORNSTEIN Schloß bei Krumpendorf (am bewaldeten Hang). Es nimmt diesen Platz seit dem 15. Jahrhundert ein.

HUNGERBRUNN (HUNNENBRUNN) Schlößchen, bei St. Veit an der Glan. Kleiner Renaissancebau des späten 16. Jahrhunderts.

HUNGERSBACH (HUNGERSBURG) Burg, gänzlich verfallen, vermutlich bei Feldkirchen gelegen.

KALSBERG (CHALBERSBERGH, KÄLBERBERG) Burg, gänzlich verfallen, wahrscheinlich bei Spitalein

KARLSBERG Zwillingsburgruine, im Glantal, südöstlich von Liebenfels (auf bewaldetem Bergkegel). Die Burg stammte aus dem 12. Jahrhundert; fiel 1294 an Konrad von Aufenstein, 1368 an die Habsburger.

KARLSBERG Schloß, westlich der Burgruine Karlsberg. Ein Bau des 17. Jahrhunderts; seit 1687 im Besitz der Familie Goess.

KARLSTEIN Burg, gänzlich verfallen, vermutlich östlich von Ossiach

KARNBURG Pfalz, gänzlich verfallen, in Karnburg

KELLERBERG Schloß, in Kellerberg, Drautal (am westlichen Ortsrand). Der Bau des 13. Jahrhunderts fiel dem Beben von 1348 zum Opfer. Der jetzige hoflose Vierkanter mit den diagonal gestellten Rundtürmen an den Ecken entstand im 16. Jahrhundert.

Schloß Sommeregg um 1850.
Nach einer Bleistiftzeichnung von Markus Pernhart.

KERSCHDORF (KERSCHENECK) Schloß, westlich von Nötsch. Errichtet in der zweiten Hälfte des 16. Jahrhunderts.

KEUTSCHACH Schloß, in Keutschach. Valvasor stellte es in seinem Buch 1688 als Neubau vor. Von 1659 bis 1926 Besitz der Grafen Rosenberg.

KHÜNBURG Burgruine, am Südhang des Vellacher Egels (auf einer Felskuppe). Existierte schon 1189; verfiel nach einem Brand im 16. Jahrhundert.

KHÜNEGG (EGG) Schloß, in Egg am Pressegger See. Das Schloß war die Nachfolgerin der am Berghang gelegenen mittelalterlichen Khünburg.

KIESENBREIN Burg, gänzlich verfallen, irgendwo im Görtschitztal

KIRCHBICHL Schloß, unweit von St. Jakob bei Wolfsberg. Biedermeierbau von 1833.

KIRCHEGG (KIRCHHEIMECK) Burgruine, oberhalb von Heiligenblut

KLAGENFURT Burg, stand an der Stelle des heutigen Landhauses

KLAMMSTEIN Burg, gänzlich verfallen, vermutlich östlich von Ossiach, am Klammbach

KLEINWINKLERN (GRILLITSCHHOF, GRAFENHOF) Schloß, bei St. Johann, südlich von Wolfsberg

KOHLHOF Schloß, außerhalb von Völkermarkt (auf einer Anhöhe). Der hufeisenförmige Renaissancebau des 16. Jahrhunderts wurde im 19. Jahrhundert baulichen Veränderungen unterzogen.

KOLBNITZ Burg, gänzlich verfallen, bei Kolbnitz im Mölltal

KOLLEGG Schloß, bei St. Andrä im Lavanttal (am Hang der Saualpe). Die Erbauungszeit fällt ins 16. Jahrhundert; seit 1920 gehört es der Gesellschaft Jesu.

KOLLNITZ Burg, besteht nicht mehr, nördlich von St. Paul im Lavanttal. Zählte zu den stolzesten Burgen des Landes. Bestand schon um 1105 und war Sitz des gleichnamigen Geschlechtes. Der Bau wurde 1761 von einem Brandunglück heimgesucht.

KRAIG (ALT-KRAIG ODER HOCHKRAIG UND NEU-KRAIG ODER NIEDERKRAIG) Burgruinen, bei St. Veit an der Glan, in der Einschicht von Grassen. Hier hatte eines der ältesten Kärntner Ministerialengeschlechter, das der Herren von Kraig, seinen wehrhaften Wohnplatz. Das ganze Gelände war stärkstens befestigt. Zwischen den beiden Burgen, die durch Vorwerke gesichert waren, gab es einen 40 m langen Aquädukt.

KRAINEGG Burg, gänzlich verfallen, bei Riegersdorf (auf einer Rückfallkuppe)

KRASTOWITZ Schloß, bei Klagenfurt (östlich der Stadt). Bau aus dem 18. Jahrhundert; wurde im 19. Jahrhundert in historisierendem Stil umgebaut.

KREUZEN Schloß, bei Paternion. Bau aus dem Jahr 1591; Erbauer war ein Khevenhüller.

KRONEGG Schloß, besteht nicht mehr, in Malta

KRUMPENDORF Schloß, in Krumpendorf (an der Hauptstraße). Erbaut 1735–1740; Umbau im 19. Jahrhundert durch Thaddäus von Lanner, der im riesigen Stallgebäude 100 Mastrinder stehen hatte.

LABEGG Burg, gänzlich verfallen, nördlich von Brückl

LANDSKRON Burgruine, auf einer Felskuppe am Westufer des Ossiacher Sees. Der Wohnplatz ist in den Archiven seit 1351 nachweisbar. Die jetzigen Ruinen stammen vom Bau des 16. Jahrhunderts. 1812 zerstörte ein zündender Blitzschlag die Dächer der prächtigen Anlage, worauf sie dem Verfall preisgegeben war. Heute ein Restaurant.

LAUNSBERG Burg, gänzlich verfallen, zwischen Obervellach und Söbriach

LAVAMÜND Schloß, besteht nicht mehr, in Lavamünd

LAVANT Burgruine, am nordwestlichen Felsabsturz des Petersberges in Friesach

LEOBENEGG Burg, gänzlich verfallen, am Hang oberhalb von Leoben

LEONSTEIN Burgruine, oberhalb von Pörtschach am Wörther See (auf bewaldeter Kuppe). Es handelte sich um eine weitläufige Anlage, die wahrscheinlich im 12. Jahrhundert errichtet wurde. 1816 war die Burg nachweislich verfallen.

LEONSTEIN Schloß, in Pörtschach am Wörther See. Im Kern stammt der Bau aus dem 16. Jahrhundert, vermutlich war es der Meierhof der Burg Leonstein.

LICHTENBERG (LICHTENWALD) Burgruine, nordöstlich von St. Paul im Lavanttal

LICHTENGRABEN Schloß, in einem Seitengraben bei Bad St. Leonhard im Lavanttal. Der Bau wurde offensichtlich im 16. Jahrhundert errichtet und später verändert.

LIEBENBERG Burgruine, am Göseberg

LIEBENFELS Zwillingsburgruine, bei Pulst im Glantal (auf einem Felsen). Der Platz hatte seit der Romanik ein wehrhaftes Gebäude. Die erste urkundliche Erwähnung datiert aus dem Jahre 1333.

LIEMBERG Schloß, am Abhang des Göseberges

LIND Burgruine, südlich von Sachsenburg (am rechten Ufer der Drau). Es gab zwei wehrhafte Plätze, von den Baulichkeiten haben sich spärliche Reste erhalten. Ein castrum Lint wird 1252 erwähnt. Spätestens ab 1377 gab es neben der Burg Oberlind auch eine Anlage Unterlind.

LIND Schloß, bei Stegendorf. Das Gebäude geht im Kern auf das 16. Jahrhundert zurück.

LIPPITZBACH Schlößchen, am linken Drauufer (auf einem Felsabsatz). Der Bau wurde um 1820 von der Gewerkenfamilie Egger errichtet.

LOSCHENTHAL Burg, besteht nicht mehr, auf dem Josefiberg bei St. Paul im Lavanttal (wo heute die Kirche steht). Als 1091 das Benediktinerstift St. Paul gegründet wurde, gab es die Burg auf beherrschender Höhe schon. Um 1600 Ruine, Blitzschläge hatten den historischen Bau arg in Mitleidenschaft gezogen.

MAGEREGG Schloß, nördlich von Klagenfurt. Die hübsche bauliche Anlage hat ihre Form seit 1590 und ging im Laufe der Jahrhunderte durch viele Hände.

MALENT(H)EIN (MALTA, EDENFEST, ODENFEST, RAU[C]HENFEST) Burgruine, oberhalb von Malta. Die Burg wurde im 11. Jahrhundert gegründet und war im 14. Jahrhundert schon verfallen.

MANDORF Schloß, bei Kötschach (am Fuße der Jauken). Das faszinierende Bauwerk aus dem Beginn der Neuzeit verdankt seine Errichtung dem Gewerken Hans Mandorfer. Baumeister war Bartlme Viertaler.

MANNSBERG Zwillingsburg, obere Burg Ruine, untere bewohnt, südlich von Althofen, am Rande des Krappfeldes (über einem Waldtal). 1301 war die Burg Besitz des Kärntner Landesfürsten, von 1373 bis 1591 Eigentum der Familie Montfort-Peggauer.

MARHUBE ZU ORTENBURG Burg, gänzlich verfallen, unweit von Unterhaus bei Spittal an der Drau.

MARIA LORETTO Schloß, am Ostufer des Wörther Sees. Ein Graf Orsini-Rosenberg errichtete den einst prächtigen Bau mit Freitreppen und Türmen 1652. 1708 wurde das Objekt von einem Großbrand eingeäschert, aber wiederaufgebaut.

MAXIMILIANSBURG Burg, gänzlich verfallen, unweit von Schloß Rothenthurn (am Hang des Insberges)

MAYERHOFEN Edelmannsitz, bei St. Salvator im Metnitztal. Von diesem Wohnplatz (ehemals salzburgischer Meierhof) ist in Urkunden selten die Rede. Das jetzige Bauwerk gehört dem ausgehenden 17. Jahrhundert an.

MEISELBERG Schloß, bei Maria Saal (auf einer Anhöhe). Die älteren Teile des Gebäudes stammen aus dem Ende des 17. Jahrhunderts.

METNITZ Burg, gänzlich verfallen, auf dem Kalvarienberg

MINNENBURG Burg, gänzlich verfallen, nächst Moos bei Bleiburg

MITTERTRIXEN Burgruine, auf dem Burghügel von Mittertrixen. Eine der mittelalterlichen Burgen des Trixentales; war im Besitz des Kärntner Herzogs.

MITTERTRIXEN Edelmannsitz, am Fuß des Burgberges. Erbaut 1769/70.

MÖCHLING Schloß, in Möchling (unweit des Draukraftwerkes Annabrücke). Ein dreigeschossiger Bau, dessen Hauptfront gegen Nordwesten gerichtet ist. Das alte Schloß fiel 1666 einem Brand zum Opfer. Schloß Möchling war Sitz des St. Pauler Pflegers; das Lavanttaler Stift war hier seit 1123 begütert.

MÖDERNDORF Schloß, bei Pörtschach am Berg. An dieser Stelle stand schon 1164 ein wehrhafter Bau. Das jetzige Schloß wurde spätestens 1662 errichtet.

MÖDERNDORF Schloß, südlich von Hermagor (im gleichnamigen Ort, am rechten Gailufer)

MÖLLTHEUER Burgruine, oberhalb von Penk (auf einem Hügel). Es handelte sich um eine kleine romanische Anlage zur Kontrolle des Weges über den Tauern; seit dem 17. Jahrhundert Ruine.

MONTFERRAN Burg, besteht nicht mehr, im Raume Völkermarkt

MOOSBURG (NEUE MOOSBURG) Schloß, in Moosburg (erhöht gelegen). Erbaut zu Beginn der Neuzeit von der Familie Ernau, nach 1600 erweitert. Ab 1630 Besitz der Freiherren von Kronegg, seit 1708 der Familie Goess.

MOOSHEIM Schlößchen, in Prebl (östlich der Kirche). Etwa 430 Jahre alter Bau, das Renaissanceportal trägt die Jahreszahl 1551.

XV

NEUDENSTEIN (SCHWARZES SCHLOSS) Burgschloß, bei Völkermarkt. Erbauer war 1329 der berühmte Konrad von Aufenstein. Unter den Kemetern wurde es um 1673 gründlich renoviert.

NEU-FINKENSTEIN Schloß, außerhalb von Gödersdorf. Der zweigeschossige Bau stammt aus dem Ende des 16. Jahrhunderts.

NEUHAUS (NEUHÄUSEL) Schloß, in Neuhaus (bei Lavamünd, südlich der Drau). Das mittelalterliche Schloß brannte 1481 ab und wurde im Renaissancestil neu errichtet und später barockisiert.

NEUHAUS AN DER GAIL Burg, gänzlich verfallen, auf der Höhe Thurnberg bei Arnoldstein

NEUSTEIN (FLATTACHHOF) Schloß, in Steinfeld. Ein Bau aus dem Ende des 16. Jahrhunderts.

NIEDER-FALKENSTEIN Schloß, in Pfaffenberg bei Obervellach (auf einem Felsgrat). Einst ein Vorwerk der höher gelegenen Burg. Das verfallene Schloß des 18. Jahrhunderts wurde 1906 in historisierendem Stil wiedererrichtet.

NIEDEROSTERWITZ Schloß, unweit der Burg Hochosterwitz. Ein schon bestehender Bau wurde 1690 um den Südflügel erweitert, der westliche Zubau mit den Ochsenaugenfenstern kam noch später hinzu.

NIEDERTRIXEN Burg, gänzlich verfallen, auf dem Murlkogel bei Völkermarkt

NIEDERTRIXEN (TACHENSTEIN) Schloß, besteht nicht mehr, im Trixental

NUSSBERG Burgruine, auf Rückfallkuppe des Gauerstalls (bei St. Veit an der Glan). Die erste bekannte urkundliche Erwähnung datiert aus 1148.

OBERDRAUBURG vier Burgruinen, im Bereich des Burgforstes

OBER-FALKENSTEIN (WOLKENSTEIN) Burgruine, auf einem Felsgrat im Mölltal. In den Urkunden erscheint die Burg erstmals 1164. Verfall seit dem 17. Jahrhundert.

OBERTRIXEN Burgruine, auf einem steilen Felshügel im Trixental. Zählte zu den ältesten Burgen des Landes. Besitz des Landesfürsten.

OBERTRIXEN Schloß, am Fuße des Burghügels. Die ältesten Bauteile gehen zurück ins frühe 16. Jahrhundert.

ORTENBURG Zwillingsburgruine, bei Spittal an der Drau. Sie war der Stammsitz der Grafen von Ortenburg. Die Existenz der Burg ist ab 1136 urkundlich belegt. Der Verfall setzte bereits zu Beginn des 16. Jahrhunderts ein.

OTTMANACH Schloß, in Ottmanach. Bau aus dem 17. oder dem 18. Jahrhundert, steht in einem hübschen Park.

PAINBURG Burg, gänzlich verfallen, in einem Graben bei Bad St. Leonhard im Lavanttal

PAINHOF Wasserburg, Ruine, in einem Graben bei Bad St. Leonhard im Lavanttal

PATERNION Schloß, in Paternion. Die Vorgängerin war eine Burg, die seit 1354 nachweisbar ist. Zu den Bauherren des Schlosses zählen die Dietrichsteiner, Khevenhüller und Widmanns.

PIRKENSTEIN (BIRKENSTEIN) Burgruine, oberhalb von Twimberg im Lavanttal

PITTERSBERG Burgruine, unweit von Kötschach (auf isoliertem Felskegel). Die Burg war 1252 in Görzer Besitz, später habsburgisch; Sitz eines ausgedehnten Landgerichtes. Verfiel im 16. Jahrhundert.

PITZELSTÄTTEN Schloß, bei Klagenfurt. Nachfolgerin einer 1311 erstmals urkundlich genannten Burg. Der Umbau zum Schloß erfolgte 1529; umfangreiche Renovierung um die Mitte des 18. Jahrhunderts.

PLANKENSTEIN Burg, besteht nicht mehr, wahrscheinlich bei Kraig

PÖCKSTEIN (BÖCKSTEIN) Burg, verfallen, am Zusammenfluß von Gurk und Metnitz

PÖCKSTEIN Schloß, in Zwischenwässern. Es wurde 1778–1782 an der Stelle eines Hammerwerkes und Herrenhauses als Residenzschloß des Gurker Bischofs errichtet, der es bis zu seiner Übersiedlung 1790 in die Landeshauptstadt bewohnte. Gutes Beispiel eines einheitlichen Bauwerkes aus dem späten 18. Jahrhundert.

PÖLLAN Schloß, bei Paternion. Ein Bau aus den Jahren 1592–1596 der Familie Khevenhüller; blieb unvollendet.

PORCIA Schloß, in Spittal an der Drau. Sehr schöne Renaissance-Anlage, die im 16. Jahrhundert im Auftrag des Gabriel von Salamanca errichtet wurde. Der Bau umschließt einen rechteckigen Hof. Die dreigeschossigen Arkaden und die straßenseitige Fassade erinnern an einen kleinen Palast. Im Schloß befindet sich ein sehenswertes Heimatmuseum, im Hof finden jeden Sommer Komödienspiele statt.

Burgschloß Waldenstein.
Nach einer Bleistiftzeichnung von Markus Pernhart.

PRÄGRAD Burgruine, auf einem Felsen am Südufer des Ossiacher Sees

PRÄGRAD Schloß, besteht nicht mehr, am Fuße des Burgfelsens

PRIESSENEGG (MALENT[H]EIN) Burg, gänzlich verfallen, bei Hermagor

RABENSTEIN Burgruine, bei St. Paul im Lavanttal (in Unterhaus). Stand auf schroffem Felsen; war vermutlich zum Schutz des Benediktinerstiftes St. Paul errichtet, 1307 zerstört und neu erbaut worden. Fiel 1636 einem Brand zum Opfer.

RABENSTEIN Burg, besteht nicht mehr, bei Althofen oder bei Friesach

RAIN Schloß, bei Grafenstein. Ein älterer Bau, wurde im 19. Jahrhundert ausgebaut, um 1900 aufgestockt und mit Anbauten an den Ecken versehen.

RANGERSBURG Burgruine, bei Rangersdorf im Mölltal. Die Burg wurde 1292 durch Görzer Grafen zerstört.

RAS I Burg, gänzlich verfallen, nordöstlich von Rosenbach

RAS II Burgruine, auf einer Bergkuppe, westlich der Kirche St. Jakob im Rosental

RAS III Zwillingsburgruine, auf der Kuppe des Rosegger Wildparks. Der letzte Wohnsitz der Herren von Ras, die im 14. Jahrhundert ausstarben. 1801 war die Burg noch bewohnt.

RASTENFELD burgähnliches Schloß, westlich von Althofen (auf einer Bergkuppe). Die erste Erwähnung des festen Wohnplatzes geschieht 1241; die jetzige Anlage aus dem Beginn der Neuzeit war ab 1893 Besitz des Carl Freiherrn Auer von Welsbach.

RATZENEGG Burgschloß, bei Moosburg (auf einem Hügel). Ein Bau des Friedrich von Hallegg aus 1333; wurde um 1600 erweitert.

RAUCHENKATSCH Burgruine, nördlich von Gmünd, an der Katschbergstraße (auf steilem Felsen). Eine Burg gab es hier nachweisbar seit 1197; diente als Straßensperre. Verfiel im 16. Jahrhundert.

RAUTERBURG (RIESENBURG) Burgruine, am Südosthang der Wandelitzen, bei Haimburg. War Besitz des bekannten Geschlechtes der Heunburger.

REICHENFELS Burg, gänzlich verfallen, westlich des Marktes. In Urkunden erstmals 1227.

XVIII

REIDEBEN Schloß, südöstlich von Wolfsberg. Der Renaissancebau stammt aus dem Beginn der Neuzeit.

REIFNITZ Burgruine, am Osthang des Pyramidenkogels. Die mächtige Burg wird urkundlich 1195 erwähnt. Aus der Burgkapelle dürfte die jetzige Filialkirche St. Margarethen hervorgegangen sein.

REINEGG Höhlenburg-Ruine, südlich von Brückl, an der Gurkbrücke

REISACH Burg, besteht nicht mehr, wahrscheinlich unweit des Ortes

REISBERG Burgruine, bei Siegelsdorf im Lavanttal. Die Burg bestand schon 1197. Das Interesse an der Anlage scheint im 16. Jahrhundert geschwunden zu sein.

RÖTELSTEIN Burg, besteht nicht mehr, wahrscheinlich bei St. Paul im Lavanttal

ROSEGG (LIECHTENSTEIN) Schloß, in Rosegg. Ein Bau der Grafen Orsini-Rosenberg aus der Zeit um 1770. Befindet sich seit 1833 im Besitz der Familie Liechtenstein.

ROSENHEIM Schloß, besteht nicht mehr, bei Arnoldstein

ROTHENTHURN Schloß, besteht nicht mehr, unterhalb des Schlosses Freyenthurn

ROTHENTHURN Schloß, bei Molzbichl (am Südhang des Insberges). Der sogenannte Rote Turm (der hohe Mitteltrakt) mag aus dem 11. Jahrhundert stammen. Er ist durch einen unterirdischen Gang mit der ehemaligen Maximiliansburg verbunden. Ansonsten vornehmlich ein Bau des 17. Jahrhunderts.

ROTTENSTEIN Schloß, bei St. Georgen am Längsee. Das Ensemble steht in einem Park und wurde um 1870 errichtet.

ROTTENSTEIN (RATENSTEIN) Burg, gänzlich verfallen, vermutlich östlich von Bad Kleinkirchheim

ROTTENSTEIN Höhlenburg-Ruine, südlich von Mieger

ROTTENSTEIN (RADLACHER TURM) Burgruine, auf Steilhang bei Radlach. Befand sich im Besitz der Görzer Grafen, Existenz ab 1142 nachweisbar. Verfiel im 16. Jahrhundert.

SAAGER Schloß, oberhalb des Drau-Kraftwerkes Annabrücke. 1382 bestand das Bauwerk aus einem Turm; wurde im 16. Jahrhundert zum Schloß ausgebaut. Im Besitz des Malers Giselbert Hoke.

SACHSENBURG obere Burg, gänzlich verfallen, auf der Kuppe des Sachsenburger Riegels. Um 1680 war die Anlage noch intakt.

SACHSENBURG untere Burg, Ruinenreste, auf dem Sachsenburger Riegel

ST. PAUL IM LAVANTTAL Burg, besteht nicht mehr, stand an der Stelle des Benediktinerstiftes

ST. VEIT AN DER GLAN, Herzogsburg, besteht nicht mehr, vermutlich am Hauptplatz

SCHACHTENSTEIN Burg, gänzlich verfallen, bei Waldenstein

SCHARFENSTEIN Burg, besteht nicht mehr, in Feistritz an der Gail

SCHAUMBURG Burgruine, bei Schaumboden (im Wald). Existenz ist um 1200 bezeugt.

SCHWARZENSTEIN Burg, besteht nicht mehr, vermutlich in der Gegend von Kellerberg.

SEEBURG Burg, besteht nicht mehr, oberhalb von Pörtschach am Wörther See. Wo sich heute die „Hohe Gloriette" befindet, stand einst die Seeburg. Sie bildete mit der dahinter liegenden Burg Leonstein eine Zwillingsburg. 1213 urkundete in der Seeburg die Frau des Kärntner Herzogs. Die Burg verfiel wahrscheinlich noch im Mittelalter.

SELTENHEIM Schloß, bei Klagenfurt (auf einem Hügel). Der Platz hatte schon im Mittelalter eine Burg; 1848 wurde die Ruine wiederaufgebaut.

SILBERBERG Burg, gänzlich verfallen, nördlich von Hüttenberg

SÖBRIACH Burg, gänzlich verfallen, bei Obervellach. Die 1271 erwähnte Anlage verfiel im 15. Jahrhundert.

SOMMEREGG Burgruine, oberhalb von Seeboden (auf einem Felsen). Die Burg gab es spätestens seit 1237, nach 1651 im Besitz der Lodron.

SONNEGG Burgruine, bei Sittersdorf (auf flachem Waldhügel). Die 1267 urkundlich genannte Burg wurde vom Erdbeben des Jahres 1690 so schwer in Mitleidenschaft gezogen, daß man sie dem Verfall preisgab.

SONNEGG Schloß, am Südabhang des Burgberges. Nach der Aufgabe der Burg errichtete man das Schloß, welches sich seit damals im Besitz der Rosenberg befindet.

STATTENBERG (STÄTTENBERG) Burgruine, südlich von St. Urban bei Feldkirchen

STEIN einst Zwillingsburg, jetzt Burgschloß, in Dellach im Drautal. Der Bau ist einem Felszahn aufgepfropft und blickt aus 200 m Höhe ins Tal. Erscheint in den Urkunden ab 1190. Ist seit 1681 Rosenbergscher Besitz und wird noch immer bewohnt.

STEIN Burgruine, bei St. Georgen im Lavanttal, am Koralpenhang (auf einem vorspringenden Felsen). Die Burg war Salzburger Besitz; 1215 wurde auf der Feste nachweislich eine Urkunde ausgestellt. 1276 zerstört, wurde Stein wiederaufgebaut. 1480 wurde der feste Platz eingenommen und verwüstet.

STEIN Burg, besteht nicht mehr, Stein im Jauntal. 1680 blickte die Feste noch als stattliche Anlage ins Land. Aus der Burgkapelle dürfte die jetzige Kirche hervorgegangen sein.

STEINWAND Burg, besteht nicht mehr, in Hermagor

STERNBERG Burgruine, westlich der Kirche Sternberg. Die Burg bekrönte schon 1170 die Hügelkuppe. Ab 1329 Besitz der Ortenburger. Wurde im 15. Jahrhundert zerstört.

STEUERBERG (MARBAUER-SCHLOSS), Burgruine, am Eingang in die Enge Gurk

STRASSBURG Burgschloß, auf dem Burgberg. Es bildete die Residenz der Gurker Bischöfe; zählt zu den größten befestigten Anlagen Österreichs. Fertigstellung der ersten Burg 1147. Befand sich oft in desolatem Zustand, wurde aber immer wieder vor dem Verfall bewahrt. Erst im letzten Viertel des 18. Jahrhunderts überließ man die jahrhundertealte Bischofsresidenz ihrem Schicksal. 1856 steckte ein Blitzschlag das Dach in Brand; die Burg bekam zwar ein Notdach, diente in den folgenden Jahrzehnten aber als Steinbruch. Erst 1920 setzten Sicherungsarbeiten ein, die ab 1956 intensiviert wurden.

STRASSECK Burg, besteht nicht mehr, bei Lavamünd

STRASSFRIED Burgruine, westlich von Arnoldstein

SÜSSENSTEIN (SCHLOSSBAUER) Burgruine, oberhalb von Hüttenberg

TAGGENBRUNN Burgruine, bei St. Veit an der Glan (auf einer Hügelkuppe). Die Burg der Salzburger Erzbischöfe vor den Toren der Stadt St. Veit an der Glan bestand spätestens seit 1157; wurde unter Leonhard von Keutschach nach den damals neuesten Erkenntnissen der Wehrtechnik neu erbaut, die Anlage vermochte aber dem Zahn der Zeit dennoch nicht zu trotzen. Der allmähliche Verfall setzte im 18. Jahrhundert ein. 1818 war das prachtvolle Bauwerk bereits Ruine.

Die Burgruine Grünburg um 1850.
Nach einer Bleistiftzeichnung von Markus Pernhart.

TALLENSTEIN (TALLANDSTEIN) Schloß, bei Haimburg (am Fuße der Wandelitzen). Das ursprüngliche Schloß wurde im 15. Jahrhundert errichtet und wich im 18. Jahrhundert einer barocken Anlage. Seit 1885 Besitz der Familie Helldorff.

TANZENBERG Schloß, ober dem Zollfeld. Eine Burg beherrschte schon im 13. Jahrhundert das Landschaftsbild. Der Neubau erfolgte zu Beginn der Neuzeit im Stil der Renaissance. 1898 erwarben Olivetaner das Schloß. Seit dem Ende des Zweiten Weltkrieges beherbergt der altehrwürdige Bau mit seinen neuen Anbauten das bischöfliche Knabenseminar Marianum.

TENTSCHACH Schloß, bei Klagenfurt (auf beherrschender Höhe). Die Burg wurde im 16. Jahrhundert durch einen Schloßbau abgelöst. Ausbau um 1700.

THÜRN Schloß, bei Wolfsberg (auf einem Hang). Die unregelmäßige Anlage stammt mit ihren ältesten Bauteilen aus dem 14. Jahrhundert.

THURNHOF Schloß, westlich von Hermagor. Besteht spätestens seit 1342, im 16. Jahrhundert Umbau.

THURNHOF (PREGRAT, PRÄGRAD) Schloß, unweit von Zweinitz im Gurktal. Taucht urkundlich schon 1140 auf. An einen Wehrturm wurden im 15. und im 16. Jahrhundert Objekte angebaut.

TIFFEN Burg, besteht nicht mehr, oberhalb der Kirche von Tiffen

TIGRING Schloß (Herrenhaus), außerhalb von Tigring (auf einem Hügel). Erbaut von J. E. Deutenhofen um die Mitte des 17. Jahrhunderts. Nun Bezirksaltersheim.

TIMENITZ Burg, besteht nicht mehr, in der Gegend von Timenitz

TÖLLERBERG Schloß, bei St. Margarethen ob Töllerberg (am Hang des Frankenberges). Ein wehrhafter Platz findet sich in den Urkundensammlungen schon 1297.

TÖSCHELDORF Schloß, bei Althofen. Ein Bau des 17. Jahrhunderts, der später verändert wurde.

TRABUSCHGEN Schloß, in Obervellach. Es bestand laut Urkunden schon 1434; der letzte größere Um- und Ausbau fällt ins Jahr 1716.

TREFFEN (GROTTENEGG, SCHNEEGG) Schloß, in Treffen bei Villach. Das jetzige Schloß gehört baulich dem 17. Jahrhundert an.

TREIBACH Schloß, in Treibach. Die Anlage wurde im 17. Jahrhundert errichtet und in der Folge modernisiert.

TROSTENHEIM Burg, gänzlich verfallen, bei Oberferlach, westlich von Rosegg

TWIMBERG Burgruine, in Twimberg. Die mittelalterliche Zwingburg gehörte dem Erzbistum Salzburg und kam dann an das Bistum Lavant. Um 1569 wurde der Bau erneuert, ein Jahrhundert später begann der endgültige Verfall.

ÜBERSBERG Burg, gänzlich verfallen, bei Guttaring

UNTERSTEIN (UNTER DEM STEIN, RAMSCHISSLHOF, GÖSSLHOF) Burg, gänzlich verfallen; Edelmannsitz, am Rande des Krappfeldes

VELDEN Schloß, in Velden. Wurde als Lustschloß am See von Bartholomäus Khevenhüller gegen Ende des 16. Jahrhunderts erbaut.

WAIDEGG (WEIDEGG) Burg, gänzlich verfallen, nächst Waidegg im Gailtal. Die 1288 urkundlich erwähnte Burg wurde um 1366 zerstört, wieder aufgebaut und ein Jahrhundert danach abermals in Trümmer gelegt. Seither Ruine.

WAISENBERG Burgruine, bei Völkermarkt (auf einem Bergkegel). Die ausgedehnte spätgotische Anlage, die auf eine romanische Burg gefolgt war, verfällt seit dem 19. Jahrhundert.

WALDECK (WALDEGG, WEILDEGG) Schloß, östlich von Mauthen. Der kubische Bau aus dem 16. Jahrhundert besticht durch seine runden Türen an den Ecken.

WALDENSTEIN Burgschloß, in Waldenstein (am bewaldeten Berghang). Die Burg wird 1255 urkundlich erwähnt; 1282 übernahm das Geschlecht Ungnad das bambergische Lehen. Von 1695 bis 1807 war Waldenstein Besitz der Grafen von Schönborn. Ab 1852 gehörte das Burgschloß den Grafen Henckel-Donnersmarck.

WASSERHOFEN Schloß, bei Kühnsdorf (auf einer Schotterterrasse). Der Bau stammt aus dem 16. Jahrhundert.

WASSERLEONBURG (LÖWENBURG, LEWENBURGH, LEUMBURG) Schloß, in Saak (am Hang der Villacher Alpe). Der ursprüngliche Bau stand weiter östlich und fiel wahrscheinlich dem Beben von 1348 zum Opfer.

WEIDENBURG Burgruine, bei Würmlach. Ein castrum Weideberch taucht schon in einer Urkunde von 1264 auf. Verfiel im 16. Jahrhundert.

WEISSENAU (THALLESHOF) Schloß, bei St. Marein im Lavanttal. Der dreigeschossige Bau mit hufeisenförmigem Grundriß stammt im Kern aus dem 16. Jahrhundert.

WEISSENEGG Zwillingsburgruine, bei Ruden (auf einem bewaldeten Felsvorsprung). Die Feste bestand schon 1243; von 1425 bis 1759 Besitz des Bistums Bamberg.

WEISSENSTEIN (HEIDENSCHLOSS) Burg, gänzlich verfallen, nordöstlich von Weißenstein

WELSBACH Schloß, westlich von Althofen. Liegt nördlich des Schlosses Rastenfeld. Der Bau wurde 1898 bis 1900 errichtet.

WELZENEGG Schloß, in Klagenfurt. Ein Bau der zweiten Hälfte des 16. Jahrhunderts. Seit 1670 Besitz der Orsini-Rosenberg.

WERNBERG Schloß, jetzt Kloster, oberhalb einer Drauschleife. Die erste urkundliche Nennung stammt aus dem Jahr 1227. Ab 1520 Besitz der Khevenhüller, die 50 Jahre später den Neubau durchführten; 1672–1783 war das Benediktinerstift Ossiach Eigentümer und Benützer.

WEYER ehemaliges Wasserschloß, östlich von St. Veit an der Glan. Wurde 1585 umgebaut.

WIESENAU Schloß, südlich von Bad St. Leonhard im Lavanttal (am rechten Ufer der Lavant). Schöner Renaissancebau aus der zweiten Hälfte des 16. Jahrhunderts, errichtet von der Gewerkenfamilie Pain.

WILDEGG Burg, gänzlich verfallen, oberhalb von Stall im Mölltal

WILDENBERG Burg, besteht nicht mehr, vermutlich im Bereich von Ferlach

WILDENSTEIN Burg, gänzlich verfallen, am Nordhang des Obir

WINKLERN Burg, Bergfried erhalten, in Winklern im Mölltal

WOLFSBERG Schloß, auf dem Schloßberg. Existenz ab 1178 belegt; war bis 1759 bambergisch. War Sitz der Güterverwaltung für die Kärntner Besitzungen des Bistums. Die mächtige mittelalterliche Anlage, die im 16. Jahrhundert festungsmäßig ausgebaut worden war, wurde unter den Grafen Henckel-Donnersmarck um die Mitte des 19. Jahrhunderts erneuert.

WULLROSS (WULDRIESS) Burgruine, südlich von Weitensfeld

ZEISELBERG Burg, gänzlich verfallen, bei St. Thomas am Zeiselberg

ZELTSCHACH Schloß, besteht nicht mehr, westlich von Zeltschach

ZIGGULN Schloß, in Klagenfurt. Der schlichte Vierkanter ging aus einem bäuerlichen Anwesen hervor, das erstmals 1547 urkundlich genannt wird.

DER KNABE MIT DER RINDENHAUT

Dort, wo heute die Kirche von Maria Gail steht, befand sich einst ein riesiges Loch, in dem giftige Ungeheuer hausten. Niemand wagte sich in ihre Nähe, nur eine verzweifelte Mutter soll eines Nachts um ihres Kindes willen all ihren Mut zusammengenommen haben.

Damals lebte in Finkenstein der Freiherr Grotta von Grottenegg mit seiner Gemahlin Sigmunde. Sie hatten ein Kind, dessen Körper von einer dicken Rinde überzogen war, die mit keinem Mittel abgelöst werden konnte. In ihrer Not flehte Sigmunde Gott um Hilfe an. Da wurde ihr im Traum befohlen, sich mit dem Kind nach Maria Gail zu begeben und dort genau um Mitternacht dreimal um das Loch zu reiten. Sie beschloß, den Ritt zu wagen. Als sie sich um Mitternacht der Stelle näherte, erhob sich ein schreckliches Unwetter. Doch weder die tobenden Naturgewalten noch die furchterregenden Ungeheuer vermochten sie von ihrem Vorhaben abzuhalten. Sie umritt dreimal das Loch und kehrte dann nach Finkenstein zurück. Am folgenden Tag war die Rindenhaut verschwunden.

Aus Dankbarkeit ließ der Freiherr das Loch, in dem sich seither kein Ungeheuer mehr zeigte, zuschütten und darüber eine Kirche errichten.

Burgruine Alt-Finkenstein südlich des Faaker Sees

DAS JAMMERKREUZ BEI SCHLOSS BACH

Ein als sehr geizig bekannter Bauer aus St. Urban hatte mit seiner Frau einst an einer Hochzeitsfeier in Feldkirchen teilgenommen, und als sie sich auf den Heimweg machten, war es bereits spät in der Nacht.

An jener Stelle, wo die Straße sich gabelt und der eine Weg nach St. Urban, der andere nach Bach führt, vernahmen sie plötzlich seltsam grausige Stimmen, und unheimliche Gestalten kamen auf sie zu. Vergebens versuchte der Bauer, das vollkommen verängstigte Pferd vorwärtszutreiben: es rührte sich nicht mehr von der Stelle. Die Schreckensgestalten aber kamen immer näher . . .

Als es Tag geworden war, kehrte das Pferd schweißbedeckt und am ganzen Leibe zitternd allein auf den Bauernhof zurück; von den beiden Bauersleuten aber fand man nur noch Blutspuren und Kleiderfetzen.

Es hieß, sie seien auf diese schreckliche Weise für ihren Geiz bestraft worden.

Noch heute soll man an jener Weggabelung um Mitternacht ein klägliches Jammern und Stöhnen hören können. Das dort errichtete Kreuz wird seit damals das „Jammerkreuz" genannt.

Schloß Bach in St. Urban bei Feldkirchen

DIE FRANZOSEN IN KÄRNTEN

Im Jahre 1809, als die Franzosen plündernd durch Kärnten zogen, nahmen sie in der Nähe des Schlosses Biberstein einen Mann fest, von dem sie Näheres über Stärke und Stellung des österreichischen Heeres zu erfahren hofften.

Dieser Mann wollte jedoch sein Vaterland um keinen Preis verraten und schwieg hartnäckig auf sämtliche Fragen.

In der Hoffnung, ihn doch noch zum Sprechen zu bringen, nahmen ihn die Franzosen beim Weitermarsch mit.

Der Gefangene sann Tag und Nacht darüber nach, wie er den Franzosen entkommen könnte. Da bot sich ihm endlich eine Gelegenheit zur Flucht: Als sie nahe der italienischen Grenze an einem Felsabgrund vorbeikamen, stieß er den französischen Hauptmann über eine Felswand hinab und flüchtete ins Gebirge.

Eine Sennerin nahm den Flüchtenden auf und verbarg ihn so lange vor den Feinden, bis ihm keine Gefahr mehr drohte.

Schloß Biberstein in Himmelberg

DER BLUTFLECK IM SCHLOSS BLEIBURG

In jenen Zeiten, als die Grafengeschlechter noch über Wohl und Wehe der Untertanen entschieden, gab es im Schloß Bleiburg einen großen Saal, welcher der Gerichtsbarkeit diente.

Einst war ein Bauer eines schweren Vergehens angeklagt, und sein eigener Bruder mußte als Zeuge erscheinen.

Übergroße Bruderliebe verleitete diesen jedoch zu einer falschen Aussage, und er leistete einen Meineid.

Im selben Augenblick erhob sich draußen ein furchtbarer Sturm, und es erschien, zum Entsetzen aller, der Leibhaftige. Er packte sein wehrloses Opfer und verschwand mit ihm in Sekundenschnelle.

Als Erinnerung an jenes furchtbare Ereignis blieb nur ein Blutfleck an jener Stelle der Mauer zurück, wo der unglückliche Bruder beim rasenden Flug durch das Fenster mit seinem Kopf aufgeschlagen war.

Schloß Bleiburg über dem Städtchen Bleiburg

WIE DORNBACH ENTSTANDEN IST

Auf der Dornbacher Alm hauste einst ein furchtbarer, feuerspeiender Drache, der sich täglich im tiefer gelegenen See zu baden pflegte.

Als er sich wieder einmal im Wasser wälzte, zog ein heftiges Gewitter auf. Blitze zuckten ununterbrochen über den schwarzblauen Himmel, der Sturm bog die Stämme der Bäume, und ein heftiger Regen strömte hernieder.

Das Ungeheuer geriet über diese Störung in solchen Zorn, daß es mit seinem Schweif wütend das Wasser peitschte.

Wild schäumten die Wellen und wurden immer höher, bis sich der ganze See ins Tal ergoß, Schutt und Erdmassen mit sich reißend.

Auf dem so entstandenen Schuttriegel erbaute man lange Zeit später ein Dorf, das heutige Dornbach.

Wasserschloß Dornbach bei Gmünd

DER ZAUBERER JAGGL

Manch ein Zauberer hatte die besondere Gabe, „Hochwetter" zu erzeugen, und es war daher nicht ungefährlich, seinen Unmut zu wecken.

Ein solcher Zauberer war auch ein Mann namens Jaggl aus dem Drautal.

Einst überwarf sich mit diesem der Besitzer von Drauhofen. Ehe Jaggl zornbebend von ihm eilte, stieß er noch haßerfüllt die Drohung aus, er werde dessen Schloß zerstören und die Trümmer in die Drau werfen.

Tatsächlich erzeugte er, um sich zu rächen, mit Hilfe seiner Zauberschnur einen furchtbaren Sturm, der die Bäume wie Zündhölzer knickte und vom Berg herab auf das Schloß schleuderte.

Knapp entging das Gebäude der Vernichtung; es blieb nur deshalb von den Folgen des Sturms verschont, weil dem Jaggl mitten in der Beschwörung die Zauberschnur riß, wodurch der Zauber brach und das Unwetter sich legte.

Schloß Drauhofen im Lurnfeld

DER TOTE BURGHERR

Südöstlich von Schloß Ebenthal soll sich einst die Burg Greifenfels erhoben haben. Vor Hunderten von Jahren lebte dort ein Ritter, der eines Tages beschloß, ins Heilige Land zu ziehen. Den ihn begleitenden Knappen nahm er vor der Abreise das Versprechen ab, seinen Leichnam in der Heimat beizusetzen, falls er in der Fremde sterben sollte.

Seine düsteren Vorahnungen wurden Wahrheit, der Ritter fiel im Heiligen Land. Die treulosen Knappen aber hielten nicht Wort, sondern versenkten den Leichnam, mit Steinen beschwert, ins Meer.

Die wortbrüchigen Diener ereilte jedoch bald die gerechte Strafe: Keiner von ihnen kehrte lebend in die Heimat zurück. Wer nicht durch Feindeshand fiel, wurde durch Krankheit dahingerafft oder fand einen elenden Tod in der Wüste. –

Des Nachts soll man lange Zeit hindurch einen unheimlichen Leichenzug gesehen haben, der um die alte Burg zog und um ein Uhr genauso plötzlich wieder verschwand, wie er aufgetaucht war. Es waren die Seelen der treulosen Knappen, die den Sarg mit dem blutenden Leichnam ihres Herrn in die Gruft hinab trugen, um nach ihrem Tod das gebrochene Wort einzulösen.

Schloß Ebenthal in Ebenthal

DER STEINOFEN BEI EBERSTEIN

Bei Eberstein lebte ein armer Halter namens Hiasl, der sich einst mit einem besonders inbrünstigen Gebet an St. Christophorus wandte. In der darauffolgenden Nacht erschien ihm dieser im Traum.

„Geh auf die Weide, auf der du tagsüber das Vieh hütest", befahl er dem Hiasl. „Dort angelangt", fuhr er fort, „wirst du unter dem großen Wacholderstrauch eine Steinplatte finden, die du hochheben sollst. Unter dieser Platte liegt ein Schlüssel, mit dem du das eiserne Tor im benachbarten Steinofen öffnen kannst. Hinter diesem Tor befinden sich Hunderte von riesigen Weinfässern, die alle mit harten Talern gefüllt sind."

Zu seinem Unglück wurde der Hiasl nur halb wach und schlief gleich wieder fest ein. Als er sich endlich erhob, graute bereits der Morgen. Dennoch machte er sich auf den Weg zur Weide. Er fand die Steinplatte unter dem Wacholderstrauch, doch als er sie mit großer Anstrengung hochhob, lag statt des erwarteten Schlüssels nur eine fette Kröte darunter, die ihn anglotzte und dann davonsprang. Kurz danach vernahm er aus dem Steinofen ein jämmerliches Wehklagen.

Es heißt, die Kröte unter der Steinplatte sei eine verwunschene Seele gewesen, die der Hiasl hätte retten können, wenn er nicht wieder eingeschlafen wäre.

Schloß Eberstein im Görtschitztal

DER KRONTALER

Ein bettelarmer Bauer aus dem Gailtal ging in aller Früh auf Villach zu, um mit den letzten Krontalern, die seine Kinder zusammengespart hatten, einige Lebensmittel und etwas Salz zu kaufen.

Als er in die Nähe der Burg Federaun kam, gewahrte er an einem Kreuzweg eine Kegelbahn, auf der neun schwarze Männlein kegelten. Sie forderten ihn auf, mitzutun, und er ließ sich dies nicht zweimal sagen. Er setzte für den ersten Wurf einen der Krontaler seiner Kinder, und gewann. Er warf die Kugel neuerlich und gewann wieder. Bald hatte er ein ansehnliches Häuflein Geld beisammen. Da forderten ihn die Männlein mit tückisch schillernden Augen auf, den Krontaler doch wieder wegzustecken. Aber er gehorchte nicht, sondern kegelte weiter, bis es zum Morgengruß läutete und die Gestalten sich in Nichts auflösten.

Überglücklich brachte der Bauer seinen reichen Gewinn nach Hause; er lebte jedoch weiterhin bescheiden und half freigebig jedem Armen. Hätte er damals den Krontaler vom Geldhaufen genommen, wären die Männlein – und mit ihnen all das gewonnene Geld – verschwunden.

18

Federaun: Inschriftsteine erinnern an vergangene Zeiten

DER RITT AUF DEM GEISTERSCHIMMEL

Zwei Knechte aus der Gegend von Frauenstein hatten eines Nachts ein unheimliches Erlebnis, das für einen von ihnen beinahe tödlich verlaufen wäre.

Die beiden hatten im benachbarten Dorf ihre Liebsten besucht und befanden sich auf dem Heimweg, als sie im Nebel einen prächtigen Schimmel stehen sahen, der sie ruhig näher kommen ließ. Sie gingen um ihn herum und streichelten schließlich seine Nüstern, was ihm nicht zu mißfallen schien.

Angesichts des scheinbar lammfrommen Tieres bekam der eine Knecht große Lust, auf ihm einen Ritt zu wagen. Er schwang sich auf den Rücken des Schimmels, hielt sich an dessen Mähne fest und ritt einige Runden. Dann sprang er wieder ab und forderte seinen Freund auf, es ihm nachzumachen. Dieser zögerte auch nicht lange. Doch kaum saß er auf dem Pferd, als dessen Augen mit einemmal zu glühen begannen und es mit einem Satz über die Baumwipfel schoß. Der verzweifelte Reiter versuchte, sich festzuhalten, doch vergebens: er stürzte in die Tiefe und blieb schwer verletzt liegen. Die Narben, die er dabei davontrug, sollten ihn sein Leben lang an den Ritt auf dem Geisterschimmel erinnern.

Schloß Frauenstein: schöne spätgotische Anlage

DIE LINDWURMSAGE

Unterhalb der Stelle, wo heute das Schloß Freyenthurn steht, erstreckte sich einst ein riesiges Moor. Darin hauste ein schreckliches Ungeheuer, dem so manches Rind zum Opfer fiel und das auch die Menschen nicht verschonte, die sich zu weit in den Sumpf hinauswagten.

Da beschlossen einige beherzte Männer, das Untier mit Hilfe einer List aus seinem Versteck zu locken und zu erlegen. Sie errichteten am Rand des Sumpfes einen runden Turm und befestigten daran mittels einer mit einem riesigen Widerhaken versehenen Kette ein fettes Rind, dessen angstvolles Brüllen bis weit in das Moor hinaus zu vernehmen war. Daraufhin versteckten sie sich im Turm und warteten. Es dauerte nicht lange, da brauste es im Sumpf auf und es nahte ein furchtbarer, mit einem Schuppenpanzer bedeckter, geflügelter Wurm, der sich auf das Rind stürzte. Kaum aber drang der Widerhaken in den weichen Gaumen des Lindwurms, da begann dieser vor Schmerz zu toben. Aber schon sprangen die Männer hinzu und erschlugen ihn. Als nun keine Gefahr mehr drohte, legte man nach und nach das Moor trocken und errichtete eine kleine Siedlung, das heutige Klagenfurt.

Schloß Freyenthurn über der Ostbucht des Wörther Sees

DER SCHATZ AUF DEM GEIERSBERG

Auf Burg Geiersberg lebte einst ein Ritter, der in seiner Habgier riesige Schätze angehäuft hatte. Als Strafe dafür mußte er nach seinem Tod Nacht für Nacht auf die Burg kommen und sein Geld hüten. Es hieß, er würde dies so lange tun, bis ihn einige gottesfürchtige Männer, die sich im Stand der Gnade befanden, erlösten.

Drei junge Wanderburschen hörten davon und faßten den Entschluß, den Ritter zu erlösen und sich selbst in den Besitz des Schatzes zu bringen. Sie gingen zur Beichte, zur Kommunion und traten am Abend den Weg zur Burg an, wo sie durch geisterhaft erleuchtete Gänge und Gewölbe schließlich in einen großen Saal gelangten. Dort verbrachten sie die Zeit bis Mitternacht im stillen Gebet.

Als es Mitternacht schlug, erschien der Geist des Ritters mit einem riesigen Schlüssel in der Hand. Die Männer beteten laut weiter. Nach Ablauf einer Stunde trat der Ritter endlich vor die noch immer betenden Burschen hin, reichte ihnen den Schlüssel und sprach: „Durch euer Gebet bin ich erlöst. Zum Dank dafür gebe ich euch den Schlüssel zur Geldtruhe. Teilt den Inhalt redlich unter euch." Nach diesen Worten verschwand er und wurde nie wieder gesehen.

Burg Geiersberg in Friesach

DER GOTTLOSE GEMEINDESEKRETÄR

Vor sehr langer Zeit lebte in Grades ein Gemeindesekretär, der sich nicht viel aus Gottes Wort machte.

Als der Mann starb, konnte er in seinem Grab keine Ruhe finden. Mehrmals wurde beobachtet, wie der Verstorbene des Nachts im Amtszimmer im Schein einer Lampe eifrig in alten Büchern blätterte. Wollte man aber das Zimmer betreten, verschwand die Erscheinung spurlos und das Licht erlosch.

Doch nicht nur im Amtsgebäude war der Tote zu sehen, auch zwei Bauersleuten jagte er riesigen Schrecken ein. Die beiden fuhren nämlich eines Nachts – der Mond schien hell – von Friesach nach Grades. Der Weg ging ein Stück steil bergan, und der Bauer und sein Weib stiegen, um das Roß zu schonen, vom Wagen. Da sahen sie plötzlich vor sich im Graben ein Licht und dahinter die Gestalt des verstorbenen Gemeindesekretärs. Das Pferd begann zu scheuen und war kaum noch zu bändigen. Erst als die Stelle weit hinter ihnen lag, verschwand die unheimliche Erscheinung, und das Tier verfiel wieder in seine gewohnte ruhige Gangart.

Schloß Grades im Metnitztal

DIE SALALEUTE

Vor Zeiten lebten am Südhang des Gallinberges, an dessen Nordseite sich das Schloß Gradisch befindet, fromme, einfache und doch sehr mächtige Leute, die allgemein „Salaleute" genannt wurden.

Sie lebten sehr genügsam und ernährten sich hauptsächlich von dem, was der Wald bietet. Des Nachts gingen die Männer auf die Jagd, die Frauen sammelten im Sommer Holz, Wurzeln und Beeren. In der kalten Jahreszeit konnte es außerdem vorkommen, daß sie in das nächstgelegene Dorf hinabstiegen, um Milch zu holen.

Im Winter, wenn das Wild im Tiefschnee keine Nahrung finden konnte, fütterten sie es mitleidig. Auch beschäftigten sie sich untertags sehr fleißig mit Korbflechten und Besenbinden.

So lebten die Salaleute fünf volle Jahre friedlich in jener Felswand, und noch heute kann man die Vertiefung sehen, in der sie einst gesessen sein sollen.

Schloß Gradisch bei Feldkirchen

DIE VERSUNKENE STADT

In der näheren Umgebung von Leibsdorf bei Grafenstein soll sich zur Römerzeit eine blühende Stadt befunden haben, die heute vollkommen verschwunden ist. Wann und wodurch sie dem Erdboden gleichgemacht wurde, so daß keine Spur mehr von ihr übrigblieb, davon wird in der Sage nichts berichtet. Es wird jedoch überliefert, daß die Kirche dieser Stadt versunken sei, und noch heute sollen manche Menschen an bestimmten Tagen ihr fernes Läuten aus der Tiefe hören können.

Es gab einmal einen jungen Bauernburschen, der dieses Läuten jeden Samstagabend, wenn er sich noch auf dem Feld befand, vernahm. Getreulich richtete er sich danach, hörte beim ersten Glockenschlag mit der Arbeit auf und ging nach Hause.

An einem Samstag ertönten wieder die Glocken. Da er aber nur noch wenige Furchen zu ziehen hatte, wollte er seine Arbeit rasch beenden und pflügte trotz der mahnenden Stimme der Glocken weiter.

Von da an konnte er die Glocken der versunkenen Kirche niemals wieder hören.

Schloß Grafenstein und Dorfkirche

DAS BETTELWEIB

Im Mölltal stand einst die Ritterburg Burgstall, deren Besitzer ob seiner Hartherzigkeit und Grausamkeit von allen gefürchtet war. Seine Untertanen mußten darben, während er auf seiner Burg prunkvolle Feste feierte, zu denen er auch die befreundeten Ritter der umliegenden Schlösser einlud.

Eines Tages kehrte der Herr von Burgstall mit seinen Gästen aus Groppenstein von der Jagd heim. Unterwegs trat ihm ein armes Weib entgegen, das ihn um eine Gabe für ihr krankes Kind anflehte.

Statt einer Antwort erhielt das Bettelweib nur einen Peitschenhieb über den Rücken, wobei die übrige Gesellschaft in rohes Gelächter ausbrach. Da verfluchte sie in ihrer Verzweiflung den Herrn von Burgstall und seine Gäste, die Groppensteiner.

Der Fluch ging furchtbar in Erfüllung: Als die Gesellschaft beim Mahl saß, krachte es plötzlich im Gebälk, und die Mauern der Burg stürzten in sich zusammen, alles Leben unter den Trümmern begrabend.

Burg Groppenstein bei Obervellach

DIE MAUER ÜBER DEN VELLACHER BACH

Kurz vor Eisenkappel, unweit jener Gegend, wo sich das Schloß Hagenegg erhebt, befand sich einst eine gewaltige Mauer, die über den Vellacher Bach von einer Talseite zur anderen reichte.

Davon berichtet die folgende Sage:

Um die Bewohner jener Gegend vor feindlichen Übergriffen zu schützen, errichtete man zur Zeit der Türkeneinfälle eine hohe Mauer.

Hinter dieser Mauer wurde ein Damm erbaut, der die Vellach zu einem See staute. Ein weites Gebiet wurde dadurch unter Wasser gesetzt.

Als nun die Türken angriffen und Mauer und Damm zertrümmerten, bahnte sich der künstlich geschaffene See mit aller Gewalt einen Weg und ertränkte die feindlichen Horden in seinen Fluten.

Schloß Hagenegg in Eisenkappel

DIE WEISSEN FRAUEN

Wenn man oberhalb von Krumpendorf in jene Richtung geht, in welcher man zum Schloß Hallegg gelangt, kommt man an einem Felsen mit einer ungewöhnlichen, wannenartigen Vertiefung vorbei.

Von diesem eigenartigen Felsgebilde, das sofort ins Auge fällt, weiß die Sage folgendes zu berichten:

In jener steinernen Wanne pflegten einst die Weißen Frauen ihre Kinder zu baden, und aus diesem Grunde mußte sie auch stets mit Wasser gefüllt sein.

Die Bewohner der Umgebung machten sich diese Tatsache gar bald zunutze.

Wollte man nämlich nach einer langen Trockenperiode endlich den ersehnten Regen herbeibeschwören, genügte es, die Wanne vollkommen leerzuschöpfen. Es dauerte dann nicht lange, und das langentbehrte Naß strömte in reichlicher Menge hernieder, um sie wieder zu füllen.

Innenhof des Burgschlosses Hallegg

DIE WÄSCHERINNEN UND DIE PERCHTEN

Unterhalb der Burg Hardegg waren einst zwei Mägde damit beschäftigt, in der Glan ihre Wäsche zu waschen.

Während sie in ihre Arbeit vertieft waren, erschienen plötzlich die Perchten, packten die sich heftig wehrenden Wäscherinnen und verschwanden mit ihnen spurlos. Alles Suchen war vergebens.

Erst am folgenden Morgen, als man die Suche nach den verschwundenen Mägden fortsetzte, fand man eine von ihnen tot am Ufer liegen. Man trat näher, da sah man mit Erstaunen, daß sie in den Händen einige seltsame Blumen von wunderbarer Form und Farbgebung hielt, die niemand der Anwesenden je gesehen hatte und deren Bedeutung man nicht kannte.

Von der zweiten Magd aber und von der Wäsche, die sie im Bach gewaschen hatten, fehlt seither jede Spur.

Burgruine Hardegg bei Zweikirchen

DER WILDE MANN VOM MILLSTÄTTER SEE

In der Nähe des Millstätter Sees, unfern der Stelle, wo heute das Schloß Heroldeck steht, lebte einst ein Holzknecht, der mit dem Wilden Mann Freundschaft geschlossen hatte.

Eines Tages kam letzterer voll Verzweiflung zum Freund und bat ihn inständig, sofort zum See hinunter zu kommen. Der Wassermann habe ihm sein Weib entrissen, und er wolle es zurückholen, notfalls mit Gewalt. Sobald der Knecht also sein Brüllen höre, solle er sofort seinen Bruder zu Hilfe holen.

Der Holzknecht versprach es, und der Wilde Mann tauchte in die Tiefe.

Es währte nicht lange, da begann das Wasser des Sees furchtbar zu schäumen. Die Gischt wurde immer ärger, und da hörte der Knecht auch schon das verabredete Zeichen. Er zögerte keinen Augenblick und rief den Bruder des Wilden Mannes, der noch furchterregender aussah. Dieser kam sogleich herbeigeeilt und sprang zornbebend in die Fluten, um seinem Bruder beizustehen. Die Wellen schlugen noch höher, und bald kündigte die Rotfärbung des Wassers die Entscheidung an; die Brüder tauchten wieder auf, das befreite Weib im Triumph mit sich führend.

Schloß Heroldeck am Nordufer des Millstätter Sees

DAS LÖSEGELD DES BERGMÄNNLEINS

In grauer Vorzeit befand sich an jener Stelle des Lavanttales, wo heute das Schloß Himmelau steht, ein großer See, und im Inneren der umliegenden Berge hausten in wunderbar verschlungenen Gängen und Kammern winzige Männlein, von denen behauptet wurde, daß sie Gold und andere Schätze bewachten.

Eines Tages geriet einer der Zwerge in die Gewalt der Bauern, die ihn nur gegen ein hohes Lösegeld wieder freilassen wollten. Vergebens versicherte er immer wieder, keinen Schatz zu besitzen, man schenkte seinen Beteuerungen keinen Glauben. Endlich versprach er, daß er sich auf andere Weise dankbar erweisen würde, wenn sie ihn freiließen, und nach kurzem Überlegen gaben ihm die Bauern im Vertrauen auf sein Wort die Freiheit.

Es verstrichen einige Tage, da erklang aus der Richtung des Sees ein dumpfes Donnern und Grollen. Als die erschrockenen Bauern ans Ufer eilten, bemerkten sie auf der Wasseroberfläche seltsame Wirbel, als würde der See durch unterirdische Schleusen abfließen. Und eines Morgens war der ganze See verschwunden. Zurück blieb ein fruchtbares, schönes Tal, das von einem klaren Fluß durchzogen wurde: das Bergmännlein hatte sein Versprechen gehalten.

Schloß Himmelau bei Wolfsberg

DER JUNGFERNSPRUNG AUF HOCHOSTERWITZ

An einer Seite des Singerberges soll sich vor undenklichen Zeiten eine Burg befunden haben. Es heißt, der Teufel habe sie fortgetragen und auf einem Bergkegel unweit des Längsees wieder niedergesetzt: die heutige Burg Hochosterwitz.

Jener Bergkegel, auf dem sich die Burg nun erhebt, stürzt nach Osten zu steil ab. Diese Stelle wird im Volksmund der „Jungfernsprung" genannt, denn einst soll sich dort eine schöne, fromme Jungfrau in die Tiefe gestürzt haben, um den Nachstellungen des Burgherrn zu entgehen.

Wie durch ein Wunder kam das Mädchen unten völlig unversehrt an. Ein vorüberfahrender Bauer lud die Ohnmächtige auf seinen mit Streu beladenen Wagen und nahm sie mit sich nach Hause, wo sie ihm fortan als Magd diente.

Der Ritter, von Reue und Entsetzen erfaßt, irrte in den Wäldern umher, bis eines Tages die Totgeglaubte vor ihm stand und ihm mit tröstenden Worten vergab. Zur Sühne für seine Tat zog der Ritter in das Heilige Land. Den Bauern aber, der sich des Mädchens angenommen hatte, befreite er von da an von allen Abgaben.

Einen Kalkfelsen einnehmend: Burg Hochosterwitz

DER WUNDERTÄTIGE LÖFFEL

Auf einem Bauernhof in Oberdrauburg wurde lange Zeit hindurch ein Löffel hoch in Ehren gehalten, mit dem es folgende Bewandtnis hatte:

Drei Schwestern aus Oberdrauburg hielten sich während der Franzosenkriege in einer Höhle in der Nähe der Ruine Hohenburg verborgen, unter welcher eine Straße vorbeiführte. Es verging einige Zeit, dann trat eine der Schwestern auf dem oben erwähnten Bauernhof als Magd in den Dienst.

Eines Tages fuhr der Bauer unter der Höhle vorbei und hörte eine Stimme rufen: „Bauer, sag der Vef', daß die Trud' g'storb'n is!"

Der Bauer wunderte sich sehr darüber und erzählte nach seiner Rückkehr beim Mittagessen von seinem seltsamen Erlebnis. Im selben Augenblick stand die Magd auf und verschwand mit den Worten: „Bäuerin, nimm von nun an meinen Löffel, wenn du die Milch abrahmst, es wird dem Haus Segen bringen!"

Die Bäuerin gehorchte, und seit damals war das Glück dem Hause hold.

Burgruine Hohenburg bei Oberdrauburg

DIE MENSCHENFRESSENDEN MÄNNLEIN

Auf einer Anhöhe zwischen Lebmach und Feistritz-Pulst steht das Schloß Hohenstein. Lange Zeit vermied man ängstlich, im Winter in dessen Nähe zu kommen, denn in der kalten Jahreszeit sollen hier häßliche, winzige Männlein mit langem, zottigem Haar gehaust haben, die sich vom Fleisch jener Menschen nährten, welche unter dem Schloß vorüberkamen.

Niemand wußte, wer sie eigentlich waren, noch woher sie stammten.

Da die Männlein aufgrund ihrer Winzigkeit keinen direkten Angriff wagen konnten, warfen sie von den Fenstern der Burg aus kleine scharfe Messer auf die Vorüberziehenden. Sie hatten darin ein solches Geschick, daß sie niemals ihr Ziel verfehlten und jeder Wurf tödlich war.

Dann eilten sie zu ihrem Opfer hinab, um es gierig zu verschlingen.

Wenn die warme Jahreszeit anbrach, verschwanden die Unholde wieder spurlos, und niemand konnte sagen wohin.

Schloß Hohenstein im Glantal

DER STEIN DES LEBENS

Die Herren der Hollenburg jagten oft in den Wäldern unterhalb der Koschuta. Eines schönen Herbsttages stürzte einer von ihnen in seinem Jagdeifer in eine Grube, aus der es kein Entrinnen gab. In seiner Verzweiflung kroch er immer tiefer in den Berg, bis er plötzlich in einem hellerleuchteten Raum stand, in dem sich unzählige Schlangen befanden. In der Mitte des Raums lag ein Felsblock, an welchem die Tiere eifrig leckten. Die Schlangenkönigin gab ihm den Rat, dasselbe zu tun, denn dies sei der Stein des Lebens. Auf solche Weise überlebte er trotz fehlender Nahrung.

Lange Zeit verstrich, da begannen die Schlangen unruhig zu werden und nach und nach die Höhle zu verlassen. Schließlich wurde der Graf von der Schlangenkönigin aufgefordert, ihr an die Erdoberfläche zu folgen, wo bereits Frühling herrschte. Sie nahm ihm noch das Versprechen ab, niemandem von dem Stein zu erzählen, sonst müsse er sterben. Dann verschwand sie.

Nach Hause zurückgekehrt, hielt der Graf zunächst getreulich Wort. Doch bei einem Trinkgelage gelang es seinen Freunden, ihn zum Sprechen zu bringen, und er verriet das Geheimnis. Am folgenden Tag machten sich alle auf, den Stein des Lebens zu suchen. Ehe sie aber die Grube erreichten, stürzte der Graf tot vom Pferd: er bezahlte den Wortbruch mit seinem Leben.

Die Hollenburg, Wahrzeichen unter den Karawanken

DIE TÜRKEN IM ROSENTAL

Einst kamen die türkischen Horden auch ins Rosental. In der Nähe der Hollenburger Brücke machte der Feldherr Ahmed Pascha unter einem Lindenbaum halt und versammelte seine Truppe um sich.

Von der anderen Seite des Flusses aus beobachtete ein Bauer das Geschehen. Er trat daraufhin in seine Hütte, ergriff das Gewehr, versteckte sich hinter einem Erlengebüsch, zielte auf den Feldherrn und erschoß ihn.

Die nunmehr führerlosen Türken gerieten in große Aufregung und wollten sogleich den Rückzug über das Gebirge antreten. Da sie aber den Weg nicht kannten und außerdem die Nacht angebrochen war, so daß man die Hand nicht mehr vor den Augen sehen konnte, nahmen sie zwei Bauern als Führer mit. Diese beiden beschlossen in einem unbeobachteten Augenblick, die feindliche Schar in die Irre zu führen, und brachten sie auf Umwegen in die Nähe eines steilen Felsabsturzes. In der stockfinsteren Nacht konnten die Türken nicht erkennen, in welche Falle sie gelockt worden waren, und stürzten allesamt über die Felsen hinab ins Verderben.

Arkaden schmücken den Hof der Hollenburg

DER EINFALL DER UNGARN IN KÄRNTEN

Auf ihrem Rückzug aus Italien lagerten die Ungarn auf jener Höhe, wo heute das Schloß Hungerbrunn oder Hunnenbrunn steht. Die Kunde von ihren Greueltaten und Verwüstungen war ihnen vorausgeeilt, und Herzog Ratold, der Anführer der Karantanen, der sein Heer in der Gegend von Friesach zusammenhielt, zweifelte schon am glücklichen Ausgang des Kampfes gegen die feindliche Übermacht der Ungarn. Da hatte er einen Traum: Es erschien ihm der heilige Vitus, der ihn ermunterte, die Schlacht zu wagen, und ihm den sicheren Sieg verhieß. In froher Zuversicht sah nun der Herzog der Entscheidung entgegen.

Dort, wo sich der Mühlbach der Glan zu ergießt, fand der Kampf sein Ende. Ratold und sein Heer hatten den Angriff der Ungarn abgewehrt: Zahllose Heiden waren getötet, die übrigen in die Flucht geschlagen.

Zum Dank für die wunderbare Errettung ließ Ratold an jener Stelle eine Kirche errichten, das Gotteshaus St. Veit am Erlaa, um welches bald eine Siedlung entstand, die sich im Laufe der Zeit zum Markt und zur späteren Herzogstadt St. Veit entwickelte.

Schlößchen Hungerbrunn bei St. Veit an der Glan

DER PFLEGER AUF SCHLOSS KARLSBERG

Auf Schloß Karlsberg lebte vor langer Zeit ein Pfleger, der in seiner Grausamkeit viele Unschuldige foltern und in das Verlies werfen ließ.

Eines Tages kehrte er mit seinem Wagen aus St. Veit zurück, und bereits unterwegs konnte man vom Schloß her die gräßlichen Schmerzensschreie der Gefolterten vernehmen.

„Hörst du, wie sie singen?" rief der Pfleger höhnisch seinem Kutscher zu. Diesem lief es kalt über den Rücken; Furcht und Grauen beschlichen ihn. Und als er sich nach seinem Herrn umblickte, war dessen Platz im Wagen leer. Nur eine schwarze Wolke schwebte darüber und verschwand dann in der Ferne: Den Pfleger hatte die gerechte Strafe für seine Greueltaten ereilt.

Schloß Karlsberg unweit der gleichnamigen Burgruine

DER SCHATZ VON KELLERBERG

Ein armer Faßbinder war eines Nachts – es war kurz vor Mitternacht – auf der Suche nach einem verlaufenen Kalb bis zu den Trümmern des alten Schlosses Kellerberg gelangt. Da sah er eine weiße Gestalt auf sich zukommen, die den Erschrockenen aufforderte, ihr zu folgen. Sie stiegen durch das verfallene Gemäuer, bis die Gestalt vor zwei mit Schneckenhäusern gefüllten riesigen Fässern haltmachte und den Faßbinder aufforderte, neue Reifen anzubringen; er würde dafür reich belohnt werden. Vom Inhalt der Fässer dürfe er allerdings nichts nehmen. Dann verschwand die Erscheinung. Der Faßbinder machte sich rasch ans Werk, da ihm aber die Schneckenhäuser sehr gefielen, beschloß er, ungeachtet des Verbotes, einige davon seinem kleinen Sohn als Spielzeug mitzubringen. Kaum war er mit der Arbeit fertig, als die Fässer lautlos verschwanden, und auch die Gestalt kehrte nicht wieder.

Äußerst verwundert trat der Faßbinder seinen Heimweg an, wobei er sein Kalb ruhig grasend neben dem Weg fand. Zu Hause angelangt, wollte er seinem Söhnchen die mitgebrachten Schneckenhäuser überreichen, doch wie groß war sein Erstaunen, als er statt des wertlosen Spielzeugs pure Goldstücke in der Hand hielt! Nun erkannte er erst, daß er sich durch seinen Ungehorsam um einen großen Schatz gebracht hatte.

Schloß Kellerberg im Drautal

DIE HERRIN DER KRAIGER SCHLÖSSER

Es wird erzählt, daß die Kraiger Schlösser in der Tiefe ihrer Gewölbe heute noch große Schätze beherbergen sollen, doch bisher ist es niemandem gelungen, diese zu heben, obwohl sich schon viele darum bemüht haben.

Um diese Schätze rankt sich folgende Sage:

Einst war hoch oben auf den Zinnen eines Turms eine weiße Frauengestalt erschienen und hatte laut in das Land hinaus verkündet, daß sie die Herrin der Kraiger Schlösser sei. Dann hatte sie hinzugefügt, daß sie drei Fässer voll Gold in den Gemäuern der Burg versteckt halte. Gleich darauf war die Erscheinung wieder verschwunden.

Dies soll sich noch mehrere Male wiederholt haben.

Es heißt, daß die Gräfin erst dann im Grab Ruhe finden würde, wenn es jemandem gelänge, die verborgenen Schätze zu heben.

Das blieb von den Kraiger Schlössern

DER BAUER VOM KRAIGER BERG

Oberhalb der Kraiger Schlösser, am sogenannten Kraiger Berg, lebte vor undenklichen Zeiten ein Bauer mit einem sehr leichtfertigen Lebenswandel. Alles Geld vertrank und verspielte er und ließ die Seinen darben. Sein einstmals recht ansehnliches Anwesen kam immer mehr herunter, denn Knechte konnte er sich schon lange nicht mehr leisten, und er selbst scheute jegliche Arbeit.

Eines Nachts, als sich der Bauer wieder einmal betrunken auf den Heimweg machte, verfehlte er den Weg, stürzte in die Tiefe und wurde von einem Zaunpfahl aufgespießt. So starb er eines jämmerlichen Todes.

Wegen seines liederlichen Lebenswandels konnte er aber im Grab keine Ruhe finden. Nacht für Nacht erschien der Totenschädel des Bauern in seinem Haus, bis der Pfarrer kam und den Schädel einsegnete.

Dennoch kann der Verstorbene nicht in Frieden ruhen, und man erzählt sich noch heute, daß der Geist des Bauern manchmal um Mitternacht im Haus umgehe.

Die Ruine Neu- oder Niederkraig

DER FLUCH DES MÖNCHES

Um die Burg Leonstein, die sich einst oberhalb von Pörtschach erhob und als deren ehemaliger Meierhof Schloß Leonstein angesehen wird, rankt sich folgende Sage:

Cholo von Reifnitz hatte eine Tochter namens Jutta, die ebenso schön wie grausam war und kein größeres Vergnügen kannte, als andere Menschen zu quälen. Eines Tages begegnete ihr ein alter Mönch, dessen Anblick sie so sehr reizte, daß sie ihn von ihren Hunden zerfleischen ließ. Sterbend verfluchte sie der Greis: Sie solle in den Leib einer Schlange fahren und auf diese Weise büßend der Erlösung harren, bis eine Frau ihres eigenen Stammes käme, die, schuldlos, selbst im höchsten Unglück noch als guter Engel wandeln würde.

Lange Zeit verstrich, dann wurde einem ihrer Nachfahren ein Töchterlein geboren. Ludmilla, so hieß das Mädchen, vermählte sich mit dem Ritter von Leonstein und verbrachte mit ihm eine glückliche Zeit, bis der Ritter in blindwütiger Eifersucht seinen eigenen Bruder tötete. Entsetzt floh er von der Burg und ward bis zu seinem Tod nicht mehr gesehen. Ludmilla aber lebte fortan nur noch für die Armen und Hilfsbedürftigen und erlöste auf diese Weise nach ihrem Tod die unselige Jutta.

Hof des Schlosses Leonstein in Pörtschach am Wörther See

DIE JUNGFRAU UND DER TEUFEL

Vor sehr langer Zeit lebte auf Schloß Liebenfels ein reicher Graf. Er hatte eine wunderschöne Tochter, die er mit dem Sohn eines befreundeten Grafen zu vermählen gedachte.

Die Grafentochter liebte aber einen jungen Jägersmann, den sie oftmals heimlich traf, denn ihr Vater hätte niemals in eine solche Verbindung eingewilligt.

Eines Abends erzählte sie ihrem Geliebten von den Plänen ihres Vaters.

Kaum hatte sie jedoch ihren Bericht beendet, da verwandelte sich der Jäger in ein riesiges höllisches Ungeheuer mit unheimlich glühenden Augen und rief mit schauriger Stimme, daß er dies niemals zulassen werde und daß sie kein anderer Mann jemals bekommen solle. Dann zerriß er sie in tausend Stücke.

Heute noch sind auf jenem Felsensteig rote Flecke zu sehen, die angeblich vom Blut der unglücklichen Jungfrau stammen.

Burgruine Liebenfels über dem Glantal

DAS GASTMAHL DES TEUFELS

Nahe der Stelle, wo heute das Schloß Mageregg steht, befand sich einst ein Bauernhof.

Eines Nachts bemerkte ein Handwerksbursche, der sich auf Wanderschaft befand und in der Scheune übernachtete, wie sich die Bäuerin und deren Tochter auf einen Besen setzten und durch die Lüfte davonflogen.

Von Neugier getrieben, nahm der Bursche ebenfalls einen Besen zur Hand und folgte den Frauen nach.

So gelangte er hinauf in die Wolken, wo eine riesige Festtafel hergerichtet war, in deren Mitte der Teufel thronte.

Beherzt setzte sich der Handwerksbursche dazu, denn er verspürte großen Hunger.

Ehe er zu essen begann, bekreuzigte er sich jedoch nach alter Sitte. Im selben Augenblick gab es einen lauten Krach, und er stürzte, von Donnergetöse begleitet, zur Erde nieder.

Schloß Mageregg bei Klagenfurt

DER SARG MIT DEN DUKATEN

Die Gemahlin des Grafen von Mandorf wollte einst aus Übermut das Dach des Schlosses mit Dukaten decken lassen. Der Graf nahm jedoch die Goldstücke, schüttete sie in einen Sarg und verschloß diesen gut.

Eines Nachts kamen Diebe ins Schloß, fanden den Sarg, schleppten ihn davon und vergruben ihn heimlich bei Würmlach.

Nach langer Zeit stieß man beim Graben zufällig auf den Sarg und machte dem Grafen sofort davon Mitteilung. Als dieser jedoch an Ort und Stelle eintraf, war der Sarg samt Inhalt verschwunden, und man fand ihn nie wieder.

Schloß Mandorf im Gailtal

DIE LICHTMANDLN

In der Nähe von Mannsberg, Osterwitz und auf dem Diexer Feld soll es Lichtmandln gegeben haben, die des Nachts die Felder umflogen.

Einmal erblickte ein Bauer ein solches Männlein, welches verzweifelt hin und her irrte und dabei ständig murmelte: „Wenn ich den Markstein hierhin setze, ist es nicht recht; wenn ich ihn dorthin setze, ist es auch nicht recht. Wohin soll ich ihn also setzen?"

„Dorthin, woher du ihn genommen hast", antwortete schlagfertig der Bauer.

Da bedankte sich das Männlein herzlich, denn auf diesen Rat hatte es seit über 100 Jahren gewartet.

Malerische Burg Mannsberg am Rande des Krappfeldes

DIE GLOCKE IM WÖRTHER SEE

Am Ostufer des Wörther Sees steht das Schloß Maria Loretto, in dessen Kapelle sich einst eine große Orgel befunden hatte.

Eines Tages mußte diese nach Maria Saal geschafft werden. Darüber grämte sich das Kirchenglöckchen so sehr, daß es sich vom Glockenstrang losriß und in den See sprang.

Als man das Fehlen des Glöckchens bemerkte, versuchte man, es aus den Fluten zu bergen, doch vergebens: Ein unheimliches Seeungeheuer hatte sich darauf niedergelassen und vereitelte alle Bemühungen.

Noch heute soll die Glocke zwischen den Felsen eingebettet auf dem Grund des Wörther Sees liegen.

Schloß Maria Loretto in der Ostbucht des Wörther Sees

DIE TEUFELSTRITTE IM DOM VON MARIA SAAL

In der Gegend von Maria Saal, unweit des Schlosses Meiselberg, lebte eine arme Bauerntochter, die den Sohn eines reichen Bauern liebte und von diesem gleichfalls geliebt wurde. Doch seine Eltern waren gegen die Verbindung: sie wollten nur eine reiche Erbin als Schwiegertochter in ihr Haus aufnehmen.

In ihrer Verzweiflung beschwor die junge Bauerntochter eines Nachts den Teufel. Und wirklich verschaffte ihr dieser so viel Geld, daß die Eltern ihres Geliebten endlich in die Heirat einwilligten.

Der Tag der Vermählung rückte immer näher. Da ging sie, zum erstenmal seit jener Nacht, in die Kirche, um, von Reue gepeinigt, ihre große Schuld zu bekennen. Doch vor dem Kirchentor stand, zu ihrem großen Entsetzen, der Leibhaftige, auf sein Opfer lauernd. Mit Müh und Not gelang es ihr, in den Beichtstuhl zu flüchten, wo der Priester den Segen über sie sprach und sie dadurch vor dem Teufel rettete.

Die Fußabdrücke des Höllischen sind aber bis zum heutigen Tag in der Kirche erhalten geblieben.

Schloß Meiselberg bei Maria Saal

DIE BURG DER RIESEN

In der Nähe des Ortes Moosburg erhebt sich ein Berg, auf dem einst eine von Riesen bewohnte Burg gestanden haben soll. Diese waren sehr gutmütig und standen allgemein in dem Ruf, keiner Menschenseele etwas zuleide zu tun.

Einst stieg das Burgfräulein vom Berg herab und wanderte über die Wiesen und Felder.

Genau zu diesem Zeitpunkt war ein Bauer damit beschäftigt, sein Feld zu bestellen. Der Ackermann erregte die Neugier des Riesenfräuleins, und sie sah ihm lange bei seiner Arbeit zu.

Da er ihr so gut gefiel, beschloß sie, ihn auf die Burg hinauf mitzunehmen, und packte ihn behutsam in ihr Tuch.

Als sie aber ihrem Vater ihr neues Spielzeug zeigte, war er sehr erzürnt und befahl ihr, alles unverzüglich wieder dorthin zu bringen, wo sie es hergenommen hatte, und genau darauf zu achten, daß weder Mensch noch Tier ein Leid geschähe.

Enttäuscht packte sie den Ackermann samt Roß und Pflug wieder in ihr Tuch und brachte ihn unversehrt zu seinem Acker zurück.

Schloß Moosburg mit den Moosburger Teichen

DIE FELSBLÖCKE IN DER DRAU

Unweit der Stelle, wo sich heute Schloß Neudenstein erhebt, liegen in der Drau mächtige Felsblöcke, die einst dazu bestimmt gewesen waren, ein kleines Kirchlein im Winter vor Schneeverwehungen zu schützen.

Dem Teufel aber gefiel es nicht, daß die Gläubigen so zahlreich zur Messe gingen. Daher beschloß er eines Nachts, als es besonders heftig stürmte und schneite, ihnen einen Streich zu spielen: Er packte die Felsblöcke, trug sie durch die Lüfte davon und ließ sie in die Drau fallen, wo sie heute noch liegen.

Blick in den Hof des Burgschlosses Neudenstein

DIE BURGHERRIN VON FALKENSTEIN

Auf Schloß Falkenstein lebte einst eine Burgherrin, die ebenso schön wie hochmütig war. Oft rühmte sie sich ihres Reichtums und erklärte, daß sie zeit ihres Lebens nur an marmornen, silbernen und goldenen Tischen gespeist habe.

Eines Tages kam ein Bettler in die Burg und flehte um eine milde Gabe, wurde aber von der schönen Frau unbarmherzig abgewiesen. Da verfluchte er in seiner Verzweiflung die hartherzige Burgherrin und rief, daß sie gar bald nur noch von einem beinernen Tisch werde essen können. Als Antwort zog die hartherzige Frau hohnlachend einen Ring von ihrem Finger und warf ihn in den Schloßteich mit den Worten: „Wie ich diesen Ring nicht wieder bekommen werde, wird auch mein Reichtum niemals abnehmen!"

Es dauerte nicht lange, da wurde im Schloßteich ein Fisch gefangen. Als man ihn zubereitete, fand man in seinen Eingeweiden den Ring der Burgherrin. Von da an war es mit ihrem Glück vorbei, und gar bald sah sie sich gezwungen, bettelnd von Dorf zu Dorf zu ziehen. Das ihr gereichte kärgliche Mahl aber mußte sie auf dem Boden kauernd von ihren abgezehrten Knien – dem „beinernen Tisch" – essen.

Das neuerbaute Niederfalkenstein im Mölltal

DER TANZ DER TOTEN

Bei Osterwitz lebte ein bettelarmer Mesner, der oft den Bauern zum Tanz aufspielte, um zusätzlich ein wenig Geld zu verdienen.

Eines Tages versprachen ihm ein paar übermütige Burschen eine Kuh, wenn er es wagte, um Mitternacht dreimal im Friedhof um die Kirche herumzugehen und dazu auf seiner Fiedel aufzuspielen.

Der Mesner zögerte lange, dieser Freveltat zuzustimmen, doch dann entschloß er sich, seinen hungernden Kindern zuliebe, die Schuld auf sich zu laden.

Um Mitternacht stiegen die Bauern auf die Friedhofsmauer, um, vom Wein erwärmt, zuzusehen, wie der Mesner geigend die Kirche umschritt. Er sang dazu ein Lied, durch dessen Text er die Toten zu beschwichtigen hoffte. Und wirklich, es geschah ihm nicht das geringste Leid. Die Bauernburschen aber, die ihn zu dieser Tat angestiftet hatten, stürzten von Grauen erfüllt davon, so schreckliche Gestalten sahen sie um die Gräber tanzen.

Schloß Niederosterwitz unweit von Hochosterwitz

DIE RACHE DES MÄNNLEINS VON OTTMANACH

Vor Zeiten befand sich in Ottmanach ein großes Loch, in dem ein winzig kleines Männlein hauste, dessen Lieblingsbeschäftigung darin bestand, die Menschen zum Narren zu halten. Es lockte sie mit seinen Rufen einmal hierhin und einmal dahin, ließ sich aber niemals fangen. Dadurch übermütig geworden, trieb es immer ärger sein Unwesen und richtete bald großen Schaden an.

Eines Tages aber blieb das Männlein in seinem Loch stecken, wurde gefangen und vor den Richter geführt, der es wegen seiner Missetaten zum Tod am Galgen verurteilte. Der letzte Wunsch des Männleins vor seiner Hinrichtung war, noch einmal ein Stück auf seiner Pfeife, die es immer mit sich trug, spielen zu dürfen, und der Richter gewährte ihm dies gerne. Doch kaum hatte das Männlein zu spielen begonnen, als alle Anwesenden zu tanzen anfingen und nicht mehr aufhören konnten. Das Männlein blies nun noch lauter, und es erschienen seltsame Gestalten, die sich unter die Tanzenden mischten, jedem einzelnen den Leib aufschnitten und das Herz herausrissen. Dann verschwanden sie wieder mitsamt dem Männlein.

Am nächsten Tag begrub man die Toten in jenem Loch, in welchem das Männlein gehaust hatte.

Schloß Ottmanach im Ort Ottmanach

DIE RÄUBERBRAUT

Unfern der Painburg soll eine fromme Bauerntochter namens Lena gelebt haben, die es nie versäumte, für das Seelenheil ihres verstorbenen Bruders zu beten.

Eines Tages freite um sie ein vornehmer Herr, und ihre Eltern willigten nur zu gerne in die Hochzeit ein. Dieser Herr war jedoch ein verkappter Räuber, der sie auf sein Schloß führte und in das Verlies sperren ließ.

Eines Tages hörte sie über sich zwei Räuber miteinander reden: „Bald wird es Zeit, die Lena zu schlachten", sagte der eine. Furchtbare Angst erfaßte sie, doch auch in dieser Bedrängnis gedachte sie ihres Bruders – einmal wenigstens wollte sie noch ein Gebet für ihn sprechen.

Andächtig kniete sie nieder, da vernahm sie plötzlich die Stimme des Verstorbenen, der ihr befahl, die Hand hochzustrecken. Sie gehorchte und fühlte sich langsam zu einem Fenster emporgezogen, durch welches sie ins Freie gelangte. Zum Dank für ihre Fürbitten hatte ihr der Bruder geholfen.

Die Ruinen der mittelalterlichen Painburg

DIE VERWUNSCHENE BURG

Unweit jener Stelle, wo heute Schloß Pöckstein steht, erhob sich einst eine stolze Burg gleichen Namens, die jedoch nach und nach verfiel.

Von dieser Burgruine hieß es lange Zeit, daß sie verwunschen sei. Die Ursache dafür war folgende Begebenheit:

Einst kamen des Nachts zwei vornehme Herren aus Ungarn unter der Burgruine vorbei. Wie staunte aber ihr ortskundiger Kutscher, als sich dort oben statt der zerfallenen Mauern ein prächtiges, stolzes Schloß erhob, dessen Fenster wie bei einem Fest hell erleuchtet waren und zu dem ein gepflegter Weg emporführte! Eine seltsame Macht schien die Pferde dem Schloß zuzulenken, und nur mit Mühe gelang es dem Kutscher, auf dem richtigen Weg zu bleiben.

Auf dem Rückweg kamen die Ungarn mit dem Kutscher abermals unter der Burg vorbei, doch dieses Mal war nur eine Ruine zu sehen.

Schloß Pöckstein in Zwischenwässern

DER SOHN DER SALAMANCA

In ihrem Spittaler Schloß saßen einst die Ortenburger beim festlichen Mahl. Da drängten sich einige blasse Elendsgestalten, von Hunger gepeinigt, durch die Türe und versuchten, durch ihr Flehen das harte Herz der Gräfin Salamanca zu rühren. Doch die grausame Frau wies die Bittenden mit bösen Worten ab. Als die Bettler noch einmal den Versuch wagten, die hartherzige Gräfin umzustimmen, sprang ihr Sohn zornbebend auf und hetzte seine Hunde auf die Unglücklichen. Schreckensbleich entflohen die Bettler, nur ein Greis hatte nicht mehr die Kraft dazu. Er stürzte auf der Stiege und wurde von den Rüden des Junkers zerfleischt. Sterbend rief er der Salamanca zu, ihr Sohn werde einst ebenso blutend vor ihr liegen, sie aber werde als Letzte ihres Stammes untergehen.

Lange Zeit verstrich. Der Sohn der Salamanca saß mit seinen Zechgenossen in einer Schenke bei Villach, als ein Bettler auf ihn zutrat und um ein Almosen bat. Aufgebracht hetzte der Junker seine Hunde auf den Wehrlosen. Doch diesmal gehorchten ihm die Tiere nicht, sondern zogen sich leise winselnd in eine Ecke zurück. Wutschäumend hob er seine Peitsche, um die Hunde zum Gehorsam zu zwingen. Da richteten sie sich zähnefletschend auf, warfen sich auf ihren eigenen Herrn und zerfleischten ihn. Salamanca aber starb als Letzte ihres Geschlechts, wie es der Bettler prophezeit hatte.

Portal des Schlosses Porcia in Spittal an der Drau

DER GEIST DER SALAMANCA

Einst war im Schloß zu Spittal eine große Gesellschaft versammelt. Da begann einer der Anwesenden, von einer seltsamen Begegnung zu erzählen, die er in der vergangenen Nacht gehabt hatte: Er sei noch einmal aus seinem Zimmer auf den Gang gegangen, um dort an einem Lämpchen seine Kerze anzuzünden. Plötzlich sei ihm eine große, bleiche Frau entgegengetreten, habe ihm ihre Lampe hingehalten und sei dann stumm weitergeschritten.

Als der Gast seine Erzählung beendet hatte, blickte ihn die Hausfrau ernst an, erhob sich und führte ihn vor das Bild der Gräfin Salamanca. In dem Gemälde erkannte der Erzähler schaudernd die nächtliche Erscheinung wieder.

In der folgenden Nacht kam einem der Gäste in den Sinn, als Salamanca verkleidet die Gesellschaft zu erschrecken. So stellte er sich in passendem Gewand mit einer Lampe in der Hand in eine Nische. Bald danach erklangen Schritte, die sich näherten. Er trat vor, da stand Salamanca vor ihm, die den vor Schreck Erstarrten so heftig von sich stieß, daß er bis zum Morgen ohnmächtig auf dem Boden liegenblieb.

Der prachtvolle Arkadenhof des Schlosses Porcia

DIE WILDE JAGD

Ein Mann fuhr einmal zwischen Rain und Gurnitz in einer Kutsche, als er plötzlich die Wilde Jagd heranbrausen hörte.

Schreckerfüllt versteckte er sich unter der Sitzbank, da vernahm er eine Stimme: „Dies ist mein Hackstock. Hier hinein haue ich meine Hacke!"

Gleichzeitig verspürte der Mann einen brennenden Schmerz in seinem Rücken. Die Hacke aber vermochte er nicht mehr zu entfernen.

In seiner Verzweiflung suchte er sofort den Pfarrer auf, der ihm den Rat gab, genau in einem Jahr an dieselbe Stelle zu kommen, wo ihm die Wilde Jagd begegnet war.

Ein Jahr verging, und der Mann kehrte an die besagte Stelle zurück.

Wieder näherte sich die Wilde Jagd, und wieder hörte er die Stimme: „Heute nehme ich meine Hacke mit!"

Im selben Augenblick war die Hacke aus dem Rücken des Mannes verschwunden.

Schloß Rain unweit der Gurkbrücke

DIE DIEBISCHEN ZWERGE

Einst fuhr ein Fuhrmann auf einem mit Weinfässern beladenen Wagen südlich der Burg Rastenfeld bergab, als es plötzlich nicht mehr weiterging. So sehr er auch die Pferde antreiben mochte, der Wagen rührte sich trotz des starken Gefälles nicht mehr von der Stelle.

Als der Fuhrmann schließlich abstieg, um die Ursache des Aufenthalts zu ergründen, sah er, daß sich mehrere Zwerge hinten an seinem Wagen zu schaffen machten. Die einen hielten die Räder fest, die anderen rollten Fässer herab, und wieder andere beeilten sich, die Beute im Wald in Sicherheit zu bringen. All das geschah so rasch, daß der Großteil der Fässer bereits abgeladen war, ehe der Fuhrmann sich fassen konnte.

Durch das Fehlen der Ladung wurde der Wagen mit einemmal so leicht, daß die Pferde, die sich immer noch mühten, den Wagen von der Stelle zu bringen, mit einem Ruck zu laufen begannen.

Der Fuhrmann konnte die Tiere kaum noch einholen. Als er sie endlich doch erreicht hatte und mit dem Wagen an die Stelle des Überfalls zurückkehrte, waren die Zwerge mit den Fässern bereits auf Nimmerwiedersehen verschwunden. Der Fuhrmann aber hatte das Nachsehen.

Schloß Rastenfeld am waldreichen Gunzenberg

DER TROMPETERHÜGEL

Zwischen Klagenfurt und Moosburg liegen die Ruinen des Schlosses Ratzenegg. Weiter ostwärts kann man eine kleinere Anhöhe sehen, den sogenannten „Trompeterhügel", von dem die Sage folgendes zu berichten weiß:

Es lebte auf Ratzenegg eine Burgherrin, die große Reichtümer angesammelt hatte. Einst wettete sie mit einigen zu Besuch weilenden Rittern, daß sie in der Lage sei, ihren einzigen Sohn samt Reitpferd pyramidenförmig mit harten Talern zu bedecken und außerdem mit weiteren Goldstücken ihre Felder und Wiesen zu umzäunen. Die Ritter glaubten nicht daran, daß dies möglich sei, wurden aber bald eines Besseren belehrt: Die Burgherrin gewann die Wette und kam solcherart in den Besitz eines noch größeren Vermögens.

Als die habgierige Frau starb, erbte ihr Sohn Geld und Besitzungen. War er bisher sehr streng gehalten und zu äußerster Sparsamkeit erzogen worden, so schlug dies nun ins genaue Gegenteil um. Er verschleuderte binnen kurzer Zeit das gesamte Hab und Gut und starb vollkommen verarmt in der Fremde.

Der oben genannte „Trompeterhügel" war der stumme Zeuge seiner maßlosen Verschwendungssucht, denn auf ihm hielt der Junker seine Gelage ab, und von ihm aus verkündeten zu Beginn jedes Festes Trompetenstöße die Ankunft der Gäste.

Burgschloß Ratzenegg bei Moosburg

DAS RIESENSPIELZEUG

Hinter dem Schloß Rothenthurn befindet sich ein Berg mit einem seltsam abgeplatteten Rücken.

Auf diesem Berg soll in längst vergangener Zeit ein altes Schloß gestanden haben, welches von Riesen bewohnt war.

Die Tochter der Riesen stieg eines Tages ins Tal hinab und sah einigen Mähern bei der Arbeit zu. Da sie ihr sehr gut gefielen, sammelte sie sie in ihrer Schürze, um sie der Mutter zu zeigen.

Diese befahl ihr jedoch, die Mäher sofort wieder an jene Stelle zurückzubringen, woher sie sie genommen, denn sie gehörten dem Menschengeschlecht an, das eines Tages das Geschlecht der Riesen von der Erde vertreiben würde.

Die Tochter gehorchte. Kurz danach waren die Riesen aus jener Gegend für immer verschwunden.

Schloß Rothenthurn am Hang des Insberges

DER LETZTE RITTER VON STEIN

Auf Schloß Stein im oberen Drautal lebte einst ein sehr grausamer Ritter, der seine Untertanen bis aufs Blut quälte.

Seine einzige Tochter liebte einen armen Schreiber, wagte aber nicht, ihrem Vater ihre Liebe zu gestehen. Daher beschlossen die Liebenden, aus der Burg zu fliehen und sich im benachbarten Italien heimlich trauen zu lassen.

Die Flucht gelang, sie kamen ungehindert nach Italien und wurden ein Paar. Der Ritter aber sann nur noch auf Rache. Er stellte sich jedoch freundlich, sprach von Vergebung und bat die beiden heimzukehren. Überglücklich traten sie die Heimreise an.

Bei ihrer Ankunft veranstaltete der Ritter ein prunkvolles Fest. Doch mitten in der Feier stöhnte die junge Frau plötzlich auf und brach tot zusammen. Da verspürte auch ihr Gemahl schon die Wirkung des Giftes. Mit schwindender Kraft ergriff er seinen Dolch und erstach den letzten Ritter von Stein.

Burgschloß Stein im oberen Drautal

DER MÖRDER VON STRASSBURG

Eine Dirn erwartete einst ein Kind, doch da es unehelich war, mußten sie und ihr Geliebter es vor der Welt geheimhalten.

Als die Dirn ihre schwere Stunde herannahen fühlte, machten sich beide zu einer Wallfahrt auf.

Unterwegs aber setzten die Wehen ein, und die Dirn brach unter einem Baum zusammen.

Da reifte im Kopf ihres Geliebten ein furchtbarer Plan: Um sie und das Kind für immer loszuwerden, beschloß er, sie zu töten, und schlug ihr mit einem Stein den Schädel ein.

Seine Tat blieb jedoch nicht unentdeckt. Er wurde gestellt und auf Schloß Straßburg gebracht, wo man ihn zum Martertod verurteilte.

An den Daumen aufgehängt, mußte der Mörder für seine Schuld büßen, bis ihn der Tod endlich von seinen Qualen erlöste.

Bischofsburg Straßburg mit dem historischen Städtchen

DIE ROTE WAND

Einst wurde auf Schloß Straßburg ein Gefangener zum Tode verurteilt, der noch bei der Urteilsverkündigung seine Unschuld beteuerte. Doch man schenkte seinen Worten keinen Glauben und überantwortete den Unglücklichen dem Henker.

Der Tag der Hinrichtung brach an, und der Gefangene, der immer noch standhaft leugnete, die Tat begangen zu haben, wurde über die Armesünderstiege hinab zur Urteilsvollstreckung geführt. Da rief der Verurteilte verzweifelt aus: „Zum Zeichen meiner Unschuld soll sich nach meinem Tod diese Wand hier rot verfärben!"

Als man nach der Hinrichtung die Stufen hinaufschritt und zu jener Stelle kam, war die Wand zum Schrecken aller tatsächlich rot. Der unschuldig Hingerichtete aber fand im Grab keine Ruhe und soll heute noch im Schloß umgehen.

Burg Straßburg war die Residenz der Gurker Bischöfe

DAS HEMD DES RITTERS VON TAGGENBRUNN

Zur Zeit der Kreuzzüge lebte auf Taggenbrunn der Ritter Heinrich mit seiner schönen Gemahlin Hildegard. Da beschloß auch er, in das Heilige Land zu ziehen. Zum Abschied überreichte ihm sein Weib tränenüberströmt ein schneeweißes Leinenhemd und sprach: „Solange dieses Hemd seine Farbe behält, brauchst du an meiner Treue nicht zu zweifeln."

Wunderbarerweise blieb das Hemd selbst im ärgsten Kampfgetümmel und auch in der Gefangenschaft untadelig weiß. Davon hörte schließlich der Sultan. Er ließ sich den Ritter vorführen, und dieser erzählte ihm, was es mit dem Hemd für eine Bewandtnis habe. An der Treue des Weibes zweifelnd, beschloß der Sultan, die schöne Hildegard auf die Probe zu stellen. Er sandte einen Vertrauten nach Taggenbrunn und ließ ihr mitteilen, daß ihr Mann in Gefangenschaft geraten sei. Die Nachricht schmerzte sie sehr, sie blieb aber standhaft und treu, so daß der Gesandte unverrichteter Dinge heimkehren mußte. Hildegard aber verkleidete sich als fahrender Sänger und machte sich mutig auf die Suche nach ihrem Gemahl. Im Heiligen Land angekommen, verstand sie es, den Sultan durch ihr Lautenspiel so zu rühren, daß er versprach, ihr einen Wunsch zu erfüllen. Überglücklich erbat sie sich ihren Gemahl als Geschenk, ohne jedoch ihr Geheimnis preiszugeben, und kehrte mit diesem, der sie zunächst gar nicht erkannte, in die Heimat zurück.

Die Burgruine Taggenbrunn bei St. Veit an der Glan

DIE IRRLICHTER UND DER SCHATZ

Einst ging ein Bauersmann um Mitternacht von seiner Liebsten nach Hause. Da sah er in der Nähe eines Hügels mehrere Irrlichter im Mondenschein schweben.

Er überlegte nicht lange und warf sein geweihtes Kreuz, das er immer um seinen Hals trug, unter diese Lichtgestalten, worauf sie verschwanden. Dann beeilte er sich, von dem unheimlichen Ort wegzukommen.

Als der Bauer am anderen Tag sein Kreuz suchen ging, stieß er unversehens auf einen riesigen Schatz. Überglücklich beschloß er, genau an derselben Stelle eine kleine Hütte zu errichten.

Von diesem Tag an war ihm das Glück hold. Sein Reichtum vermehrte sich zusehends, und schließlich konnte er einen großen Besitz sein eigen nennen.

Einige Jahre vergingen, da kam es dem nunmehr so reichen Mann in den Sinn, sich ein Schloß bauen zu lassen. So soll Tanzenberg entstanden sein.

Schloß Tanzenberg, durch Zubauten völlig verändert

DIE QUITTUNG DES TOTEN

Als der Pächter von Möderndorf wieder einmal seinen Pachtzins bezahlte, konnte ihm sein Herr die Quittung nicht ausstellen, da er von einem schweren Gichtanfall geplagt wurde. Tags darauf starb der Ritter, und sein Sohn und Erbe, der von der Bezahlung nichts wußte und überdies den Geldbetrag nirgends finden konnte, forderte in gutem Glauben den Pachtzins nochmals ein. Verzweifelt sann der Pächter beim Heimritt auf einen Ausweg und merkte gar nicht, wohin ihn sein Pferd trug. In der Nähe jener Stelle, wo sich heute das Schloß Tentschach erhebt, trat ihm unversehens eine Zigeunerin entgegen, die Hilfe versprach. Sie reichte ihm einen Trank und befahl ihm sodann: „Reite immer geradeaus, dann wirst du zu einem Schloß kommen. Dort verlange die Quittung."

So geschah es auch. Im Schloß führte man ihn in einen rot erleuchteten Saal, an dessen Wänden Flammen emporzüngelten. In diesem Saal saß der verstorbene Ritter, der dem Pächter mit den Worten „Das Geld liegt im Katzenloch" ein Blatt Papier reichte.

Kaum hielt der Pächter dieses Papier in den Händen, als er sich auch schon wieder an jenen Ort versetzt fand, wo ihm die Zigeunerin kurz zuvor erschienen war. In seinem Rock aber steckte tatsächlich die Quittung. Das Geld fand man schließlich im alten Turm der Ritterburg, im sogenannten „Katzenloch", wo es der Affe des Verstorbenen versteckt hatte.

Schloß Tentschach bei Klagenfurt

DER TREULOSE DIENER

Auf Schloß Thürn lebte einst ein Graf, der auch in Ungarn sehr viele Besitzungen hatte. Als er wieder einmal seine ungarischen Güter besuchte, ließ er seine schöne Gemahlin unter der Obhut seines Lieblingsdieners auf Schloß Thürn zurück. Dieser Diener erwies sich jedoch des in ihn gesetzten Vertrauens unwürdig und stellte gar bald der jungen Frau nach. Da sie ihn stets aufs neue voll Empörung zurückwies, fing er an, auf Rache zu sinnen.

Kaum war der Graf heimgekehrt, begann der Diener daher, verleumderische Reden zu führen, so daß sein Herr die schöne Gräfin in blinder Eifersucht verstieß, ohne sie überhaupt angehört zu haben.

Es vergingen sieben Jahre. Da erfuhr der Graf durch einen Zufall von der Unschuld seiner Gemahlin, die mittlerweile im Elend gestorben war. Er ließ daraufhin den schurkischen Diener im Verlies des Schlosses einmauern, er selbst aber pilgerte nach Rom, um für das Unrecht zu büßen, das er seinem Weib angetan hatte.

Schloß Thürn im Lavanttal

WETTERZAUBERN

Unweit des Schlosses Thurnhof bei Zweinitz lebte einmal eine alte Bäuerin, welche im Ruf stand, Zauberkräfte zu besitzen.

Wenn man in ihre Stube trat, fielen einem als erstes die unzähligen Stühle auf, die sich scheinbar wahllos verstreut darin befanden. Mit diesen Stühlen aber hatte es eine ganz besondere Bewandtnis.

Eines Tages befahl nämlich die Bäuerin ihrer Magd, die genannten Stühle in einer bestimmten Ordnung aufzustellen. Nun war aber die Magd sehr träge und dachte nicht daran, die Weisung zu befolgen, sondern ließ die Stühle, wie sie waren.

Bald darauf erhob sich ein heftiger Wind, der nach und nach zu einem Sturm anschwoll und immer ärger um das Haus wütete, bis ein plötzlicher Windstoß die ganze Hütte samt allem, was sich darin befand, dem Erdboden gleichmachte.

Hätte die Magd, die ihren Ungehorsam mit dem Tod bezahlte, den Auftrag der Bäuerin ausgeführt, wäre deren Hütte verschont geblieben, und die Nachbarn hätten den Schaden gehabt.

Schloß Thurnhof bei Zweinitz

DIE TANZENDEN KATZEN

Es hatte bereits Mitternacht geschlagen, als sich ein armer Geiger, der auf dem Kirchtag in St. Lambrecht zum Tanz aufgespielt hatte, auf den Heimweg nach Velden machte. Die Musik steckte ihm noch in den Gliedern, und so begann er, ohne sich viel dabei zu denken, lustige Weisen zu fiedeln, um sich solcherart die Zeit zu vertreiben.

Lange wanderte er dahin, da erblickte er auf einmal vor sich auf dem Weg einige Katzen, die einen Reigen tanzten. Verblüfft blieb der Geiger stehen und schaute ihnen zu, ohne jedoch im Spielen innezuhalten.

Immer mehr Katzen gesellten sich zu den ersten, und schließlich waren es so viele, daß es der Geiger mit der Angst zu tun bekam. Auch rückten sie immer näher und schlossen einen dichten Ring um ihn, bis er keinen Schritt mehr hätte tun können.

Da fing der Geiger in seiner Verzweiflung an, fromme Lieder zu spielen, worauf die Katzenschar endlich unter gräßlichem Gekreische langsam zurückwich, um schließlich ganz zu verschwinden.

Der Geiger aber siechte seit jener Nacht dahin und starb bald nach seinem unheimlichen Erlebnis.

Schloß Velden in der Westbucht des Wörther Sees

DER SCHATZ AUF DER BURG WEISSENEGG

Vor vielen Jahren lebte in der Nähe der Burg Weißenegg ein armer Faßbinder. Eines Tages ließ er sich nach der Arbeit am Fuß der Burgmauer nieder, um sich auszuruhen. Da stand plötzlich eine weißgekleidete Frau vor ihm, die ihn bat, mit ihr zu kommen, um an einem Faß drei locker gewordene Reifen festzumachen. Er willigte ein und folgte ihr in einen Keller, in dem viele Fässer voll Gold- und Silbermünzen standen. Sie führte ihn an ein Faß mit Silbergeld und bat ihn, die Reifen zu befestigen, sie würde ihn danach fürstlich belohnen. Dann ging sie.

Bald war der Faßbinder mit seiner Arbeit fertig, doch die Frau kehrte nicht zurück. Ungeduldig beschloß er, nicht länger zu warten und sich seinen Lohn selbst zu holen. So entnahm er dem Faß drei Silberstücke und wollte sich auf den Heimweg machen. Vor der Türe stand jedoch die Frau, legte ihre Hand auf seine Schulter und sagte: „Du hättest die Macht besessen, mich zu erlösen. Durch deine Ungeduld bin ich dazu verdammt, hier noch länger zu warten!"

Nach diesen Worten war sie verschwunden. Der Faßbinder aber fand sich wieder an derselben Stelle, wo ihm die Frau erschienen war.

Burgruine Weißenegg bei Ruden

DIE UNTERIRDISCHE SCHATZKAMMER

Einst ging ein junger Mann von Meiselding heimwärts, vorbei an jener Stelle, wo heute das Schloß Welsbach steht. Da sah er eine alte Frau, die sich mühte, mit einem Spaten ein Rinnsal zu graben. Mitleidig half er der Alten. Als er fertig war, forderte sie ihn auf, ihr in den Wald zu folgen, da sie ihn für seine Mühe belohnen wolle.

Sie wanderten lange dahin, bis sie an einen Felsen kamen, der sich vor ihnen auftat. Ein langer Gang führte zu einer Grotte voll kostbarer Schätze aller Art.

Da sprach die Frau zu ihm: „Hier hast du einen Schlüssel. Komm täglich hierher und hole dir, was du zum Leben benötigst. Aber nimm nicht mehr, als du brauchst, sonst versinken die Schätze für immer."

Der junge Mann wanderte nun Tag für Tag zur Höhle und hütete sich, das Gebot der alten Frau zu übertreten. Doch mit der Zeit regte sich in ihm die Gier nach dem Gold, und schließlich konnte er der Versuchung nicht mehr widerstehen: Er nahm, soviel er nur tragen konnte. Als er nach einigen Tagen wieder zur Höhle kam, stand auf einmal die alte Frau vor ihm. Sie berührte mit ihrem Spaten den Felsen, und mit lautem Donnergrollen verschwand die unterirdische Schatzkammer für alle Zeiten.

Schloß Welsbach aus der letzten Jahrhundertwende

DIE ENTSCHLÜPFTE SEELE

In der Gegend von Schloß Wiesenau erzählte man sich folgende Geschichte:

Zwei Burschen, die sich auf Wanderschaft befanden, übernachteten einst bei einem Bauern. Mitten in der Nacht erwachte der eine und sah zu seinem Schrecken, daß aus dem weit geöffneten Mund des Freundes eine kleine schwarze Maus schlüpfte, welche eilig zum Wasserglas huschte und daraus trank.

Um die Maus daran zu hindern, wieder in den Mund des Schlafenden zurückzukehren, preßte er seine Hand fest auf die Lippen seines Gefährten und versuchte gleichzeitig, diesen wachzurütteln.

Der Bursche aber rührte sich nicht einmal bei den derbsten Stößen, denn er war im wahrsten Sinne des Wortes mausetot.

Die kleine schwarze Maus soll nämlich seine Seele gewesen sein, die, von Durst gepeinigt, zum Wasserglas gelaufen war und nun nicht mehr in den Körper zurückkehren konnte, da der Mund des Schläfers von der Hand verdeckt wurde.

Schloß Wiesenau im oberen Lavanttal

DAS ÜBERNATÜRLICHE ALS REALITÄT

Die Sage ist eine mündlich überlieferte schlichte Erzählung ohne schmückendes Beiwerk, in der sich Vorstellungen und Anschauungen, Aberglaube und Eigenart eines Volkes widerspiegeln, und die als reine Volksdichtung den Charakter des Überindividuellen trägt. Stets liegt ihr eine wahre Begebenheit zugrunde, doch wurde der Wahrheitsgehalt ihrer Schilderung, die viel Wunderbares, Übersinnliches enthält, durch die Überlieferung nach und nach modifiziert. Denn die Sage „lebt" im Volk, sie ist, wie alles „Lebendige", ständigen Änderungen unterworfen. Und bleiben auch die Grundzüge im wesentlichen erhalten, so gibt doch jeder Erzähler der Sage eine neue Ausschmückung, paßt sie der jeweiligen Situation an. Dies geht so weit, daß sogar Ortsnamen geändert werden, so daß oft ein und dasselbe Grundmotiv in abgeänderter Form an verschiedenen Orten auftaucht, wie z. B. das Thema des Faßbinders, der mit Schätzen gefüllte Fässer ausbessern soll, oder die Sage vom Riesenspielzeug.

Viele Sagen haben ihren Ursprung im Orient, in der Antike, oder sie stammen aus dem hohen Norden; aus diesen „importierten" Grundmotiven entstanden dann immer neue Varianten.

Wie Legende, Mythos, Rätsel, Märchen, Schwank gehört auch die Sage zu den EINFACHEN FORMEN der Prosa. Ihr Stil ist ahistorisch: Er geht zwar zum Teil mit den wechselnden Epochenstilen eine Verbindung ein, weist aber andererseits bestimmte Konstanten auf.

DIE EINFACHEN FORMEN sind keine individuellen Schöpfungen wie die Kunstformen der Dichtung, sondern sie entwickeln sich unmittelbar aus dem Leben, sind nahezu psychische Notwendigkeiten, Grundbedürfnisse der menschlichen Seele, Urformen menschlicher Aussage über die Auseinandersetzung des Menschen mit der Welt in ihm und um ihn und bringen dadurch eine ganz bestimmte seelische und geistige Haltung zum Ausdruck.

Die einzelnen Formen sind eigenen Gesetzen unterworfen, sie behandeln also ein Motiv auf verschiedene Weise. So erlebt die Sage die Welt und den resignierenden Menschen in erschütternder Tragik, während z. B. im Märchen die menschlichen Sehnsüchte nach leidvoller Prüfung Erfüllung finden. Und anders als das Märchen mit seiner glückhaften Unveränderlichkeit kennt die Sage Zeit und Raum, dokumentiert dadurch ihr Verhaftetsein mit dem Irdischen.

Das Wunder mit seinen vielfältigen Erscheinungsformen, seinem Zauber und seinem Spuk lebt in ihr mitten in der menschlichen Gemeinschaft; die Sage gibt also eine Darstellung des Außergewöhnlichen, das in die reale Welt eindringt, sie verknüpft das Irreale mit einer wirklichkeitsnahen Schilderung der Umwelt und der seelischen Vorgänge im Menschen. Das Unbegreifliche, das Übernatürliche werden in der Sage somit zu einer naturgegebenen Notwendigkeit, zur Realität. (Vgl. Das Fischer Lexikon. 35/1. Literatur II. 1. Teil. Hrsg. W.-H. Friedrich, W. Killy. Frankfurt/Main: Fischer 1965. Seite 168.)